Heinz Günther

Einmal durch die Hölle

Eine starke Prüfung für eine junge Liebe

TILLYS STURM
AUF NEUBRANDENBURG

Inhalt

Vorbemerkungen

Die romanartig geschilderten Begebenheiten beziehen sich auf authentische geschichtliche Abläufe und Schicksale der Bürger der Stadt und des mecklenburgischen Raumes. Sie sollen das Leben und die schweren Prüfungen der Bürger dieser Stadt in ihrer frühen Vergangenheit in Erinnerung rufen und die dramatische Geschichte unserer Heimat wachhalten.

Um ein weithin reales Nachempfinden der Geschehnisse der damaligen Zeit zu ermöglichen, wurden sie anhand dramatischer Erlebnisse einer fiktiven Familie nachgestaltet. Im Mittelpunkt steht eine Liebesgeschichte eines jungen Paares. Der Bestand und das Fortbestehen dieser Liebe wird immer wieder neuen Prüfungen und Bewährungen ausgesetzt.

Die geschilderten geschichtlichen Abläufe in der Stadt und im nordischen Raum entsprechen tatsächlichen Geschehnissen. Sie sind durch hervorragend erhaltene Baudenkmale dieser Zeit, museal erfasste Ausstellungsstücke, Heimatliteratur und Gedenktafeln bis heute nachweisbar.

Um die einzelnen Ereignisse den geschichtlichen Zusammenhängen zuordnen zu können, soll zunächst ein kurzer Überblick über die damaligen Wirrnisse und Konfliktsituationen gegeben werden:

Man schrieb das Jahr 1625.

Bereits seit mehreren Jahren tobten in vielen deutschen Regionen kriegerische Auseinandersetzungen, die man später den „Dreißigjährigen Krieg" nannte. Seit Jahren herrschten zügellose, brutale Gewalt, Mord und Totschlag im Land.

Angefangen hatte das Ganze bereits im Jahre 1618 mit dem so genannten „Fenstersturz zu Prag". Hier hatten die überwiegend protestantisch orientierten Stände ihren katholischen Landesherren, Kaiser Matthias, vorgeworfen, die zuvor zugestandene Religionsfreiheit der Protestanten zu verletzen.

Nach der Auflösung der Ständeversammlung im Mai 1618 zogen ihre Vertreter auf die Prager Burg, inszenierten gegen die dort anwesenden königlichen Statthalter einen Schauprozess und warfen sie kurzerhand aus dem Fenster. Das stellte gewissermaßen eine verschärfte Version einer Kriegserklärung der böhmischen Protestanten gegen die katholischen Habsburger dar.

Mit dieser spektakulären Aktion hatte man sich nicht nur unliebsamer lokaler Vasallen entledigt, sondern auch vorbestimmt, welcher Art die damit ausgelösten, künftigen Auseinandersetzungen sein würden.

In Deutschland und anderen europäischen Ländern hatten sich bald danach zwei große Lager, die katholische Liga und die Protestanten formiert. Differenzen wurden immer stärker mit kriegerischen Mitteln ausgetragen. Austragungsorte waren vor allem die deutschen Länder. Hintergrund der Auseinandersetzungen bestanden zwar zunächst in immer konträreren religiösen Auffassungen, die aber bald durch offene verdeckte politische Machtansprüche ergänzt wurden. Klare und dauerhafte einheitliche Fronten gab es nicht. Bald zogen neben den großen Heeren auch immer mehr marodierende Gruppen durchs Land, die grausam und brutal vorgingen. Dieser Ruf war besonders den unter Befehl des Generalfeldmarschalls der katholischen Liga, Tilly, stehenden Heeren, vorausgegangen.

Die Menschen in diesen Gebieten durchlebten in der Folgezeit schwere Zeiten.

1. Schwere Zeiten

Trotz dieser Gefahren erhofften sich die Neubrandenburger dennoch, hinter den dicken Mauern ihrer Stadt einigermaßen sicher zu sein. Die Stadt verfügte über ein perfekt funktionierendes Abwehrsystem mit starken Mauern, Toren und Türmen und ein ausgeklügeltes Überflutungs- und Wallgrabensystem wie kaum eine andere Stadt.

Ob und inwiefern sich solche Anlagen und Einrichtungen aber als hinreichenden Schutz bei Angriffen großer Heere und im Falle eines Beschusses mit den neuen in Mode gekommenen Feuerwaffen bewähren würden, hatte sich bisher noch nicht erwiesen. Die Gerüchte, die der Wirkung dieser neuen Waffen vorausgingen steigerten die Befürchtungen, dass ältere Befestigungsanlagen solchen Angriffen nicht mehr gewachsen seien. Bisher hatten die kompletten, ringsherum geschlossenen meterdicken Mauern immer noch für eine beruhigende Atmosphäre in der Stadt gesorgt.

Die vier Tore prägen heute den Namen der Stadt

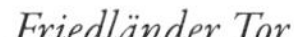

Friedländer Tor

Das Neue Tor

Das Stargader Tor

Das Treptower Tor

Starke Mauern mit „Wiekhäusern", die über die Mauern „weichen"

In den kleineren Städten begannen Bürger vielfach damit, die Befestigungsanlagen zu überprüfen und zu vervollständigen. Zu dieser zunehmend bedrückenderen Stimmung kam im Jahre 1625 eines Tages die Schreckensmeldung, dass in der Stadt die Pest ausgebrochen sei.

Maria, die Tochter eines wohlhabenden Ackerbürgers der Stadt, hatte bereits Tage zuvor ein ungutes Gefühl. Sie pflegte seit einigen Tagen ihren älteren Bruder, Karl, der über hohes Fieber und ständige Übelkeit klagte. Ein Arzt, den sie schon konsultiert hatten, vermutete eine Magenverstimmung und hatte beruhigend hinzugefügt, dass sie ja bald abklingen würde.

Maria war sehr in Sorge um ihren Bruder. Sie verstanden sich beide gut und nahmen sich gegenseitig in Schutz, wenn ihr oft grob und ungerecht handelnder Vater den einen oder anderen maßregelte. Eines Morgens hörte sie aus der Ferne die Klingel und den Ausrufer etwas verkünden, das ihr ungewöhnlich dringlich und dramatisch klang. Irgendetwas war anders. Sie konnte es zwar noch nicht verstehen, aber es klang bedrohlicher. Sie bezog es sofort auch auf ihren Bruder und bemühte sich, das Unheilvolle, das der Rufer verkündete, schon aus der Ferne zu verstehen. Dann glaubte sie den Begriff „Pestilenz" herausgehört zu haben. Der Schreck durchfuhr sie. Sie warf einen Blick auf ihren Bruder, ob er es auch so verstanden hatte. Sie fürchtete, dass er sich unnötig beunruhigen könnte. Sein bleiches Gesicht, das sich kaum von den mit Kalk bestrichenen Wänden seines Zimmers unterschied, richtete sich wie immer, scheinbar teilnahmslos an die Decke. Nichts deutete darauf hin, dass er den Ausrufer verstanden haben könnte. Maria war froh, darüber.

Sie wehrte sich dagegen, dass diese Meldung auch ihren Bruder betreffen könnte und redete sich ein, dass die Diagnose seines Arztes richtig war. Außerdem hoffte sie, sich vielleicht doch verhört zu haben. Ihre Nerven brachten sie völlig durcheinander. Dann klammerte sie sich wieder an die Hoffnung, dass der Ausrufer vielleicht doch schon weitergezogen war und das drohende Unheil mit fortgenommen habe. Sie scheute sich aber, sich davon zu überzeugen. Geleitet von dieser psychischen Eingebung, die drohende Nachricht nicht hören zu wollen und zu verhindern, dass ihr Bruder sie hört, schloss sie das offenstehende Fenster.

Dann lauschte sie für einen Augenblick auf die entstandene Stille, die in diesem Augenblick aber durch das erneute schrille Läuten der Klingel des Ausrufers zerrissen wurde.

Marie erstarrte vor Schreck. Sie wollte das einfach nicht hören, was der Ausrufer zu sagen hatte, musste es aber doch hinnehmen. Es war die Pestilenz.

Von einer notwendigen Isolierung der davon befallenen Kranken war die Rede und davon, dass man zu dem Zweck eine Pflege- und Betreuungsstation eingerichtet habe. Sie würde sich in dem Gebäude neben der Kapelle St. Georg außerhalb der Stadtmauern, vor dem Treptower Tor befinden. Dann war es wieder still. Die Leute auf der Straße standen für einen Moment wie versteinert da, starrten sich an, waren sprachlos und versuchten, sich das Ungeheuerliche untereinander zu erklären.

Auch Maria war wie gelähmt. Sie hatte diese Horrormeldung gleich auf ihren Bruder bezogen. Ihre Mutter kam hinzu, sah ihre Tochter an und wusste sich ihre seltsame Haltung zunächst nicht zu erklären. Bevor sie sich aber erkundigen konnte, hörte sie dann die vom Rufer wiederholte Meldung. Beide Frauen starrten sich an und wussten, was das bedeutete.

Sie wandten sich leise dem Kranken zu. Der lag, die Augen fest geschlossen und den Mund weit geöffnet da. Die Frauen sahen sich fragend an.

„Karl?" fragte die Mutter leise. Der Kranke öffnete langsam die Augen. Es schien, als würde ihn das unsagbare Anstrengung kosten. Dann zeigte sich um seine Mundwinkel die Andeutung eines Lächelns. Den Frauen fiel ein Stein vom Herzen, weil sie glaubten, dass der Kranke die Meldung nicht verstanden oder nicht auf sich bezogen hatte.

In diesem Augenblick pochte es an der Haustür. Jemand musste es eilig haben. „Sollten sie ihn schon holen wollen?" tuschelte die Mutter der Tochter zu. Es war der Doktor. Er hatte es eilig und nahm sich nicht einmal die Zeit zu irgendwelchen Erklärungen. Statt eines Grußes erkundigte er sich: „Hat ihr Sohn immer noch so hohes Fieber?" und ging an der Mutter vorbei gleich ins Krankenzimmer. Er ließ der Mutter gar keine Zeit, darauf zu antworten. Der Arzt nahm die Hand des Kranken, prüfte seinen Puls, machte eine bedenkliche Miene und sagte der Mutter zugewandt: „Wir müssen ihn gleich ins Hospital bringen. Dort kann ihm am ehesten geholfen werden", meinte er mit einer Bestimmtheit, die keinen Widerspruch duldete. Marias Mutter stand wie versteinert da. Dann wog sie den Kopf langsam hin und her. Alles in ihr weigerte sich, das zu akzeptieren. Daher fügte der Arzt seiner Feststellung hinzu: „Ja, Frau Ackermann, legen sie ihm ein paar Kleidungsstücke zurecht, damit er sich einmal umziehen kann und tun Handtücher und Seife dazu. Die Hygiene spielt im Hospital eine große Rolle. Wollen wir hoffen, dass man ihm dort helfen kann."

Die Mutter sah den Arzt groß an. Ihrem Blick war der stumme Protest zu entnehmen, ihren Sohn nicht hergeben zu wollen, weil sie glaubte, dass ihr Sohn am besten zuhause aufgehoben sei. Sie sprach diesen Protest aber nicht aus, weil ihre Zweifel daran, dass ihrem Sohn dort doch geholfen werden könnte, ihre Hoffnung überwog.

Während die Mutter in aller Eile entsprechende Kleidung zurechtlegte, rief der Arzt zwei Sanitätshelfer herein, die bereits draußen in einem Planwagen gewartet hatten. Offensichtlich hatte er den Abtransport des Kranken ins Hospital schon vorher vorgesehen.
Ohne eine Erklärung raffte Maria auch für sich einige Sachen zusammen. Auf die Frage Ihrer Mutter, was sie vorhabe, antwortete sie: „Ich will Karl nicht alleine lassen. Ich fahre mit“, klang es bestimmend.
„Bleib hier“, bat die Mutter.
Ihre Stimme klang flehend, aber auch entschieden.
„Ich will mich nicht auch um dich noch Sorgen machen müssen“, bat sie und konnte jetzt die Tränen nicht mehr zurückhalten, die ihr über die Wangen liefen. Während sie das Bündel mit den Sachen für ihren Sohn schnürte, wischte sie sich mit dem Handrücken die Tränen von der Wange, die auf ihrem Gesicht Spuren hinterließen.
„Mutter, glaub mir. Es ist besser für Karl. Er braucht mich ...“, hörte sie wieder die Stimme ihrer Tochter, die bestimmend und unnachgiebig klang.
„Dort herrscht die Pestilenz. Ich will nicht auch dich noch verlieren“, flehte ihre Mutter mit erstickender Stimme und wandte sich immer wieder ab um ihre Tränen zu trocknen.
Maria schloss ihre Mutter in die Arme und flüsterte ihr zu:
„Mutter glaub' mir, Karl braucht uns. Wir dürfen ihn jetzt nicht alleine lassen!“
Die Mutter sah ihre Tochter mit großen Augen an und wollte und konnte diesem Argument nicht widersprechen. Dann richtete sie den Blick nach oben faltete die Hände und bat:
„Herrgott im Himmel, bitte helfe uns, lass' es bitte nicht geschehen!“
Maria löste sich von ihrer Mutter und rannte dem Wagen mit ihrem Bruder hinterher, der schon ein Stückchen weg war. Beim Fortrennen wandte sich Maria noch einmal zu ihrer Mutter um und deutete ein Lächeln an, um sie zu ermutigen.
Die Mutter lehnte reglos an der Zarge der Haustür, war der Verzweiflung nahe, sah dem Wagen mit ihrem Sohn und ihrer Tochter hinterher und war dann mit ihren quälenden Gedanken und ihren Ängsten allein.
Sie hatte es geschehen lassen, weil sie im Zweifel war, sich aber auch Hoffnungen machte. Sie wusste im Augenblick nicht zu welcher ihrer Empfindungen, sie stärker neigt. Einerseits bangte sie jetzt um beide Kinder, die sie

in äußerster Gefahr sah und das Schlimmste befürchtete. Andererseits konnte und wollte sie sich nicht gegen das Argument ihrer Tochter stellen, dass es vielleicht doch für ihren Sohn besser sei, wenn er Maria in seiner Nähe weiß. Innere Zufriedenheit empfand sie aber besonders darüber, dass ihre beiden Kinder so zusammenhielten und bereit waren, sich gegenseitig zu helfen und beizustehen.

Maria hatte Mühe, dem Krankenwagen auf dem unebenen Kopfsteinpflaster zu folgen. Ihre klobigen Holzpantoffeln ließen es einfach nicht zu, mit dem vorausfahrenden Wagen Schritt zu halten. Immer wieder verlor sie die Balance und drohte zu stürzen. Sie torkelte mehr dem Wagen hinterher, als dass sie lief. Maria war der Verzweiflung nahe. Sie wusste, dass sie ohne ihren Bruder kaum die Chance hatte, das Hospital betreten zu dürfen. Vor allem hoffte sie aber, dass der ihn begleitende Arzt, sich doch für sie einsetzen und ihr den Zugang zu ihrem Bruder ermöglichen würde und wenn es auch nur zeitweilig wäre. Schließlich hätte sie ihren Bruder bisher zu Hause ja auch immer gepflegt.

Der Wagen polterte ihr voraus und vergrößerte den Abstand immer mehr. Schließlich bemerkte der Arzt Maria und sah auch ihr verzweifeltes Bemühen, ihren Bruder nicht alleine lassen zu wollen.

„Maria, es tut mir wirklich leid, es geht nicht. Du darfst Dich nicht der Gefahr der Ansteckung aussetzen. Die lassen da sowieso niemanden rein“, rief er ihr zu.

Maria antwortete nicht. Sie wollte das einfach nicht hören. Schweigend folgte sie dem Wagen und wollte ihrem Bruder einfach nur nahe sein.

„Wenn die mich dort nicht rein lassen, bleib ich einfach vor der Tür sitzen. Karl muss wissen, dass ich da bin. Vielleicht können wir uns ja durch das Fenster sehen. Das lasse ich mir nicht verbieten“, redete sie sich trotzig ein.

❧

Endlich hatten sie das Hospital erreicht. Maria war völlig außer Atem und hatte es gerade noch geschafft, als die Sanitäter ihren Bruder ins Hospital trugen. Sie tat so, als würde sie dazugehören und es selbstverständlich sei, ihnen folgen zu können. Eine Schwester trat ihr entgegen und versperrte ihr den Zugang. Es war Trude, eine Bekannte, die sie von der Schulzeit her kannte.

„Maria, ich kann dich hier nicht rein lassen. Es ist streng verboten. Hier haben nur Pfleger und Mönche zutritt, die die Kranken pflegen.“

„Das kann ich auch", entgegnete Maria trotzig.
Trude schüttelte bedauernd den Kopf, Dann sah sie Maria nachdenklich an, als würde ein Gedanke in ihr reifen, antwortete aber nicht gleich. Dann bat sie Maria einen Augenblick zu warten, verschloss die Eingangstür und verschwand. Wenngleich noch nichts geschehen war, befiehl Maria ein unbeschreibliches Glücksgefühl.
Es dauerte eine ganze Weile. Dann erschien ein Mönch, dem Maria schon häufiger begegnet war. Immer, wenn sie die Milch oder auch andere Produkte ihrer Kühe, die hier ganz in der Nähe ihre Weide hatten, in das Prämonstratenser-Kloster Broda gebracht hatte, war sie ihm gelegentlich begegnet.
Er begrüßte sie freundlich. Dann wiederholte er, was sie schon wusste:
„Du weißt, dass hier Ansteckungsgefahr besteht und niemand das Hospital betreten darf?!"
Mit diesen Worten legte er eine Hand auf Marias Schulter und führte sie zu einer Bank, die vor dem Hospital unter einer groß ausladenden Linde stand. Sie setzten sich.
Der junge Mönch musterte sie auffällig. Dabei musste er den Eindruck gewonnen haben, dass Maria, ein sympathisches junges Mädchen von etwa 18 Jahren, von kräftiger Natur sei, und sicher gut anpacken könnte.
Marie pochte das Herz bis zum Hals. Die Entscheidung, die für sie die Erfüllung ihres sehnlichsten Wunsches bedeutet hätte, dauerte für sie schon viel zu lange. Aber dennoch redete sie sich ein, dass sich der Mönch nicht so viel Zeit nehmen würde, wenn er ihre Beschäftigung hier im Hospital nicht zumindest in Erwägung ziehen würde.
„Sicher kommt es jetzt nur darauf an, dass ich bei dem Mönch einen guten Eindruck hinterlasse", sagte sie sich und war mit einem Schlag erwartungsvoll gestimmt.
Dann setzte der Mönch das Gespräch fort. Er wollte wissen, als was sie bisher gearbeitet hätte, wie alt sie sei und wo sie herkäme.
Dabei erzählte sie, dass sie in der Wirtschaft ihres Vaters nahezu alle anfallenden Arbeiten im Haushalt und auf dem Feld verrichtet hätte und sich nicht scheuen würde, hier zu helfen. Ihrem Vater würden hier gleich hinter dem Hospital einige Ackerflächen und Weiden gehören. Weil sie glaubte, eventuell günstiger beurteilt zu werden, fügte sie hinzu:
„Wir beliefern seit Jahren auch das Kloster in Broda mit Milch und Milchprodukten."

Der Mönch schien nicht zu reagieren. Maria sah ihn erwartungsvoll an und hing förmlich an seinen Lippen.
Dann meinte er:
„Ja, wir könnten hier eigentlich jede helfende Hand gut gebrauchen“, und schwieg wieder. Dann fuhr der Mönch mit seinen Überlegungen fort:
„Wissen sie eigentlich welchen Gefahren sie sich hier aussetzen? Es ist ein schwerer Dienst. Sie können sich hier nicht nur um ihren Bruder kümmern, sondern müssten für alle da sein. Und sind sie sich denn überhaupt darüber bewusst, sich hier infizieren zu können?“
„Ja das weiß ich“, antwortete sie etwas voreilig. Das klang, als hätte sie mit ihrer Einstellung etwas sehr Schönes, etwas Freudiges zu erwarten.
„Hoffentlich schließt der Mönch nicht daraus, dass ich die Gefahren und den Ernst der Aufgabe verkenne, oder nicht gewissenhaft in der Arbeit bin», schoss ihr plötzlich ein.
Darum glaubte sie den vermeintlichen Zweifeln des Mönches etwas entgegensetzen zu müssen:
„Sie werden mit mir zufrieden sein.“
„Wissen sie denn auch, dass sie das Hospital einstweilen nicht verlassen dürfen, damit die Ansteckungsgefahr nicht in die Stadt getragen wird?“
„Ich habe hier gleich hinter dem Hospital in der Kammer unserer Scheune eine Schlafgelegenheit und müsste gar nicht in die Stadt“, erwiderte Maria und hatte den Eindruck damit einen entscheidenden letzten Trumpf ausgespielt zu haben.
Der Mönch nickte und tat, als würde er überlegen, ob er einer solchen Möglichkeit zustimmen könne.
„Gut, Maria, wir können hier noch eine gute Fee gebrauchen. Hier kommt es besonders darauf an, peinlichste Sauberkeit zu halten, in allen Bereichen äußerste Hygiene zu wahren dabei aber keinen direkten Kontakt zu den Kranken aufzunehmen. Das obliegt den Schwestern und dem Pflegepersonal. Die Dielen im Hospital müssen jeden Tag mit Chlor geschrubbt, die Wäsche der Kranken muss zweimal die Woche gewechselt und gekocht und auch ansonsten muss peinlichste Sauberkeit gewahrt werden. Wenn sie das streng beachten, könnten wir dem auch zustimmen, dass sie in ihrer Scheunenkammer wohnen. Sie müssen aber den Kontakt zu anderen Bürgern, während sie hier arbeiten und wohnen auf das Notwendigste beschränken. Schwester Trude wird sie einweisen. Sie hatte gewissermaßen

für sie gebürgt und mich gebeten, ihre Beschäftigung bei uns vorteilhaft zu prüfen."
Dann erhob sich der Mönch und reichte Maria die Hand:
„Herzlich willkommen. Es ist sehr ehrenvoll, Maria, dass sie uns helfen wollen. Der Herrgott wird es ihnen danken."
Maria wusste im Moment nicht, wie sie ihre Freude ausdrücken sollte. Sie wäre dem Mönch am liebsten um den Hals gefallen, hielt sich aber zurück, weil es einem Mönch gegenüber sicherlich nicht schicklich gewesen wäre. Das erste Mal in ihrem Leben empfand sie so etwas wie Stolz und Genugtuung für ihre Entscheidung, hier arbeiten zu wollen. Die Gefährdung, die damit für sie verbunden war, hatte sie völlig verdrängt. Sie war zufrieden, nicht nur in der Nähe ihres kranken Bruders sein, sondern auch für die Stadt, für die Allgemeinheit etwas Ehrenvolles und Gutes tun zu können.
Schwester Trude, ihre Freundin, nahm sie in Empfang und freute sich ihrerseits, dass Maria sich so entschieden hat. Sie nahm sich die Zeit, sie nicht nur in ihren künftigen Arbeitsbereich einzuweisen. Sie sprach auch ausführlich mit ihr über notwendige Verhaltensweisen, die bestehende Ansteckungsgefahr, die sonstigen Einschränkungen und Anforderungen.
„Du sollst hier vor allem im Bereich der Hygiene eingesetzt werden. Es ist sicher nicht leicht. Hier muss das gesamte Hospital jeden Tag geschrubbt und gut gelüftet werden. Und die Küchenarbeit ist auch sehr anstrengend.
Wir sind alle schon 8 Tage hier. Es war zuerst wohl nicht so sicher, ob es tatsächlich die Pestilenz ist. Das hat man wohl erst festgestellt, nachdem wir einige Tote zu bestatten hatten. Was die Ansteckungsgefahr betrifft, muss man das aber wohl auch so sehen, dass die Menschen in der Stadt der gleichen Gefahr ausgesetzt sind wie wir hier. Wir haben hier aber den Vorteil, dass wir die Gefahr kennen und wissen, wie wir uns zu verhalten haben und wie wir uns schützen können. Die Gefahr, sich anzustecken, ist draußen sicherlich genauso groß. Dort übersieht man die Gefahr oft und ist sich nicht sicher, wie und wobei man sich anstecken kann. Hier hat sich noch niemand angesteckt. Aber man darf natürlich nicht nachlässig werden. Wir tragen hier alle diese Schürzen, Kopftuch und Mundschutz und handeln streng nach den Hygienevorschriften.
Ich freue mich, Maria, dass du dich so entschieden hast und wir beide etwas Gutes für unsere Stadt tun können. Gott wird es uns danken."
Maria fühlte sich in ihrer Entscheidung bestärkt und war froh, ab sofort auch zu den guten Seelen der Stadt zu gehören.

Nachdem sie sich umgekleidet hatte und in ihre neue Dienstkleidung geschlüpft war, hatte sie das Gefühl, damit eine große Verantwortung übernommen zu haben. Trude lobte sie, einen wichtigen Schritt in ihrem Leben gemacht zu haben und erkundigte sich, ob sie sich richtig darauf eingestellt habe und sie sich jetzt auch die Krankenzimmer ansehen zu könnten.
Maria nickte mit dem Kopf und stimmte dem zu.
„Du wirst sehr viel Elend sehen", gab sie Maria mit auf den Weg. „Das erste Mal wird es dir schwerfallen, man muss sich erst daran gewöhnen. Wenn es nicht geht, brechen wir den Rundgang ab."
„Es wird schon gehen, ihr habt es ja auch alle geschafft", erwiderte Maria, wenngleich sie sich doch angespannt und unsicher fühlte.
Im ganzen Haus roch es streng nach Chlor. Dann wurde sie in die Krankenzimmer geführt, in denen jeweils 6 Betten standen. Die Zimmer waren gut gelüftet und die mit Linnen bezogenen Betten hinterließen einen sauberen Eindruck.
Trude stellte Maria vor und lobte sie, hier im Hospital helfen zu wollen. Kaum jemand von den Patienten nahm davon Notiz. Die ausgemergelten, fahlen Gesichter der Kranken, hoben sich kaum von dem weißen Linnen ihrer Betten ab. Sie starrten meist teilnahmslos an die Decke und zeigten kaum eine Regung. Eine ältere Patientin in der vorderen Reihe atmete tief und sah sie flehend an, als würde sie Maria um Hilfe bitten wollen. Maria fühlte sich betroffen. Mitleid überwältigte sie und das ungute Gefühl, ihr doch nicht helfen zu können.
Ihre Freundin, Trude, hatte das bemerkt. Sie fasste Maria an den Arm und nahm sie zur Seite.
„Wollen wir weiter machen? Daran wirst du dich gewöhnen. Mir ging es genauso. Ein, zwei Tage, dann ist es überstanden, dann weißt du, wie sehr deine Hilfe gebraucht wird und dass du stolz darauf sein kannst, hier zu helfen."
Maria lächelte zustimmend, ohne darauf zu antworten. Sie wünschte sich sehr, damit schnell fertig zu werden. Dann nickte sie ihrer Freundin zu und wollte damit sagen, dass sie bereit war, das nächste Zimmer aufzusuchen.
Als sie vor dem Krankenzimmer standen, in dem auch ihr Bruder, Karl, lag, blieb sie für einen Moment vor der Tür stehen, um sich zu sammeln. Sie wusste, dass sie ihn gleichsehen würde, sich aber zurückhalten müsse und ihn nicht umarmen oder auch nur berühren dürfe. Dann betraten sie das Zimmer.

Maria entdeckte ihn gleich vorne in der ersten Reihe. Karl hatte sie sofort erkannt und empfing sie mit einem schwachen Lächeln.
„Schön dat du dor büst, Marie", (Schön, dass du da bist Marie.) brachte er hervor. Das Sprechen fiel ihm sichtlich schwer.
„Korl, ick loat di hier doch nich alleen", (Karl, ich lass' dich hier doch nicht alleine) erwiderte sie. Dann versagte ihr für einen Moment die Stimme. Nach einem Augenblick fuhr sie fort:
„Wi sehen uns jeden Dach ümmer ees. Ick will hier mithelpen. Dat ward allens good, Korl. Du möst blot doran glöben. Över neger koamen darf ick di nich." (Wir sehen uns jeden Tag immer einmal. Ich will hier mithelfen. Das wird alles gut, Karl, du musst nur daran glauben. Aber näher kommen darf ich dir nicht.) Mit diesen Worten versuchte sie, ihren Bruder aufzumuntern.
Karl lächelte: „Iss all god Marie, dat du doa bist. Ick gäv mi alle Möh." (Ist schon gut Marie, dass du da bist. Ich gebe mir alle Mühe.)
Dann lächelte er seiner Schwester zu, nickte schwach mit dem Kopf und verabschiedete sie mit den Augen. Er war sichtlich erfreut und dankbar, seine Schwester in seiner Nähe zu wissen. Maria wandte sich schnell ab und verließ etwas übereilt das Zimmer, weil sie ihre Tränen nicht länger zurückhalten konnte. Sie war jetzt aber unendlich froh und glücklich sich so entschieden zu haben.
Aber schon am gleichen Tag sah Marie sich einer erneuten Prüfung ausgesetzt. Die ältere Patientin, die sie noch vor wenigen Stunden um Hilfe angefleht hatte, war ihrer Krankheit erlegen. Man hatte ihre schmalen Hände gefaltet und ihr ein kleines Holzkreuz in die Hand gegeben. Ihr fahles Gesicht schien aber gelöst und zufrieden. Sie machte den Eindruck, als sei sie froh, von ihrem Leiden befreit worden zu sein. Während sie von den Pflegern in die Leichenhalle hinausgetragen wurde, hatten die Mitarbeiter des Hospitals schweigend Spalier gebildet. Auch Maria hatte sich eingereiht.
Schon der erste Tag hatte ihr alle Belastungen abverlangt. Er wollte einfach kein Ende nehmen. Erst spät am Abend hatte sie ihr Kleiderbündel genommen und sich erschöpft, aber dennoch unendlich glücklich in ihre selbst gewählte Unterkunft begeben.
Das erste Mal in ihrem Leben hatte sie das Gefühl, etwas wirklich Bedeutendes geleistet zu haben. Innerlich aufgewühlt von den vielen bedrückenden Erlebnissen, aber glücklich mit ihrem Los, fand sie bald ihren verdienten Schlaf.
Schon am nächsten Tag stand ihre Mutter vor der Tür des Hospitals. Sie war

in Begleitung eines jungen Mannes. Es war Johann Wagner, der engste Freund ihres Bruders. Beide hatten gehofft, den Kranken wenigstens einmal sehen zu dürfen. Als man ihre Bitte zurückgewiesen hatte erkundigte sich die Mutter, ob ihre Tochter, Maria, im Hospital sei. Nachdem man das bejaht hatte, fiel der Mutter ein Stein vom Herzen.
Dann hatte man Maria dazu gerufen. Die Mutter hatte sie in der ungewohnten Kleidung gar nicht gleich wieder erkannt, sich dann aber sehr gefreut. Die Freude war allerdings getrübt. Einerseits war sie froh, dass Maria ihrem Bruder allein durch ihre Anwesenheit beistehen und ihm das Gefühl geben konnte, ihn nicht alleingelassen zu haben. Andererseits war sie aber in Sorge um ihre Tochter, die sich durch ihre Entscheidung hier mitzuhelfen, der Gefahr aussetzt, sich zu infizieren.
Maria hatte beide zu der Bank unter der Linde geführt, wo sie Platz nehmen und sich unterhalten konnten. Die Mutter musterte ihre Tochter in der ungewohnten Kleidung. Ihr Blick verriet ihre sorgenvollen Gedanken. Maria nahm ihre Hand und versuchte, ihrer Mutter die Bedenken auszureden, so, wie ihre Freundin, Trude, es mit ihr gemacht hatte.
„Ich weiß, dass Deine Entscheidung sicher gut und richtig war. Und trotzdem mache ich mir Sorgen. Ich bin aber auch froh und stolz auf dich, Marie!"
Maria erfasste wieder die Hand der Mutter, drückte sie und dankte für ihr Verständnis. Sie erklärte dabei ihrer Mutter, welche Aufgabe sie hier übernommen hat, was ihr erster Eindruck war und schilderte dabei vor allem das Gespräch mit ihrem Bruder und den Eindruck, den er auf sie gemacht hatte.
Die Mutter verbarg ihr Gesicht hinter ihren Händen und lauschte der Erzählung ihrer Tochter. Maria, die die Reaktion der Mutter falsch gedeutet hatte, sprach auf sie ein, um sie zu beruhigen.
„Mudding wehn doch nich, Korl ist hier in besten Hännen. Vilicht köän se emm hier jo helpen." (Mutter weine nicht, Karl ist hier in den besten Händen. Vielleicht können sie ihm hier ja helfen.)
Nee Marie, ick freu mi so, dat Korl di hier het. Vilicht ward denn oak allens god. (Nein, Maria, ich freue mich so, dass Karl dich hier hat. Vielleicht wird dann auch alles gut.)
Maria wechselte wieder zur hochdeutschen Sprache, die in ihrer Familie immer nachdrücklicher wirkt und meinte.
„Ich freue mich, dass du das so siehst und dass wir richtig gehandelt haben."
Die Mutter war im Begriff, ihre Tochter in die Arme zu schließen, spürte

dann aber, dass Maria sich zurückhielt, da selbst das Hände geben eigentlich nicht gestattet ist.
„Weißt du Mutter, hier herrscht strenge Hygiene. Es wird nicht gern gesehen, dass wir außerhalb des Hospitals einen körperlichen Kontakt zu Außenstehenden pflegen." Maria machte eine Geste, mit der sie um Verständnis bat, die ihre Mutter mit einem nachdenklichen Kopfnicken bestätigte.
Aus dem Grunde wird auch nicht so gern gesehen, dass wir in die Stadt kommen. Darum habe ich mich hier in unsere Scheunenkammer einquartiert, wo ihr mich dann sicher einmal besuchen könnt".
Dabei warf sie einen flüchtigen Blick auf Karls Freund, Johann Wagner. Die Andeutung eines Lächelns in Johanns Gesicht zeigte ihr, dass er sich in den Kreis der möglichen Besucher mit einbezogen fühlte.
Maria fügte dann hinzu, dass die Mutter ihr bei dem nächsten Besuch frische Wäsche für sie mitbringen könne.
Es wurde für die Mutter ein entspannter Nachmittag, wenngleich der Kummer um das Schicksal ihrer Kinder blieb. Das sagte sie dann auch bei der Verabschiedung:
„De Besök bi di het mi dull hulpen. Ick bünn so stolt up mine Kinner." (Der Besuch bei dir hat mit sehr geholfen. Ich bin so stolz auf meine Kinder)
Am nächsten Tag verrichtete Maria wieder ihren Dienst, der ihr jetzt schon geläufig war. Sie durchlebte wieder die gleichen Abläufe und Stimmungen. Ihr Bruder hatte sie wieder mit einem Lächeln begrüßt. Es schien, als hätte er schon auf sie gewartet. Sie erzählte ihm, dass ihre Mutter und auch sein Freund Johann, da gewesen wären und Grüße und Genesungswünsche überbracht hätten.
Karl freute sich offensichtlich darüber, ließ es aber unbeantwortet.
Erst bei der Verabschiedung rief er ihr nach:
„Grüß se von mi!"
Maria lächelte ihm zu und nickte zustimmend.
Draußen auf dem Flur erlebte Maria wieder die gleiche Szenerie wie am Vortage. Einige Mitarbeiter standen auf dem Flur an den Wänden während wieder eine Tote hinausgetragen wurde. Marie reihte sich mit ein. Ihre Freundin Trude stand neben ihr, die sie leise fragte:
„Geschieht das hier bei uns jeden Tag?"
„Ja! Aber in der Stadt sterben jeden Tag viel mehr Menschen, weil man die Infektion zu spät oder überhaupt nicht erkannt oder aus Angst davor nicht

gemeldet hatte. Wir haben den Höhepunkt der Epidemie aber noch nicht überstanden und können uns noch auf was gefasst machen."
Das machte Maria nachdenklich. Die letzten Worte ihrer Freundin gingen ihr nicht aus dem Kopf, weil sie dabei vor allem an ihren Bruder dachte. Es hatten sich bisher bei ihm noch immer keine Anzeichen der Besserung gezeigt.
Ihre Freundin hatte das erkannt und ergänzte ihre Bemerkung, damit es etwas optimistischer klang:
„Wir wissen jetzt aber, wie wir den Kranken helfen können."
Maria schmunzelte, sah ihre Freundin dankbar an, wusste aber, dass sie sie damit nur ermuntern wollte.

❧

Es war Feierabend. Maria hatte sich auf den Heimweg gemacht und war kurz vor ihrer Scheune. Sie stutzte plötzlich. Vor der Tür saß ein Fremder.
Beim näher kommen erkannte sie, dass es Johann war, der Freund ihres Bruders. Er kam freudig auf sie zu. In der Hand hatte er in einem Tuch eingeschlagen und zu einem Beutel geknotet, die Wäsche um die Maria ihre Mutter gebeten hatte. Noch bevor sie sich begrüßten hob Johann einen Topf empor, den Maria kannte und auf den er sie aufmerksam machen wollte. Sie strahlte, weil sie wusste, dass er ihre Lieblingsspeise enthielt, die ihre Mutter für sie ihr gekocht hatte.
Maria strahlte und wischte sich ein paar Freudentränen aus den Augenwinkeln. Das galt sowohl ihrer Lieblingsspeise, vor allem wohl aber auch dem Überbringer, Johann. Der hätte es sich zwar sehr gewünscht, wagte sich aber nicht, den Freudenausdruck auch auf sich zu beziehen.
Sie hatten sich beide auf die Bank gesetzt und über Gott und die Welt geplaudert. Beide hatten das Gefühl, dass sie sich gut verstehen und als würden sie sich schon eine Ewigkeit kennen.
Die Zeit verging schnell und bald hatte sich die Dämmerung eingestellt. Bei der Verabschiedung erkundigte sich Johann, was eigentlich völlig unnötig war, ob er gelegentlich wiederkommen dürfe. Dabei hielt er ihre Hand fest als hätte er vergessen, sie wieder loszulassen. Maria entzog sie ihm langsam und schmunzelte.
„Ach so ja! Die kann ich ja nicht mitnehmen", meinte er lächelnd.
Er war ein paar Schritte gegangen, drehte sich noch einmal um und ergänzte:
„Schade eigentlich", und schmunzelte.

Maria sah ihm lange nach. Sie hatte das Gefühl, einen Freund gefunden zu haben dem man vertrauen konnte. Johann war von kräftiger Natur, ein flachsblonder nordischer Typ. Sie hatte aus der Unterhaltung erfahren, dass er bei seiner alleinstehenden Mutter wohnt und sein Vater bereits vor einigen Jahren verstorben war. Beide haben es schwer durchs Leben zu kommen. Seine Mutter würde sich bei reichen Leuten der Stadt verdingen und er würde als Gehilfe bei einem Schmied arbeiten.
„Wir haben aber hinter unserem kleinen Haus in der Beduinenstraße ein paar Hühner und einen kleinen Garten, der uns mit Rüben, Obst und Gemüse versorgt. Wir kommen schon zurecht", hatte er die Schilderung über seine Verhältnisse beendet.
Trotz der nicht rosigen Verhältnisse, die Johann geschildert hatte, ließ er doch Optimismus und Zuversicht erkennen. Maria schätzte das an ihm und noch mehr. Sie konnte sich gut vorstellen, ihn zum Freund zu haben und einen solchen kernigen Burschen sogar zu lieben. Dann aber warf sie sich vor, voreilig zu sein und gleich nach ein paar gewechselten Worten solche Gedanken zu haben.
Gleich am nächsten Morgen, war Johann ihr erster Gedanke.
„Na, watt datt woll ward", (Nah, was das wohl wird.) fragte sie sich und machte sich selbst neugierig.

❧

Die Tage vergingen. Maria machte sich Sorgen, da ihr Bruder immer noch keine Anzeichen einer Besserung erkennen ließ. Im Gegenteil. Er wurde immer schwächer.
Sie hatte sich wiederholt bei den Schwestern und beim Arzt erkundigt, die ihr ihren eigenen Eindruck aber nur bestätigten konnten.
„Wir können nur hoffen, dass sein Körper die notwendige Kraft aufbringt, den Virus zu besiegen. Wir tun, was wir können", hatte der Arzt ihr geantwortet.
Eines Tages, Maria hatte ihren Dienst beendet und noch einmal zu ihrem Bruder gesehen und ihm Mut zugesprochen. Karl hatte wie immer mit dem Kopf genickt und die Augen geschlossen. An diesem Tag hatte er sie aber mit seinem Blick bis zur Tür begleitet, gelächelt und ihr zugerufen:
„Tschüß Marie!"
Sie hatte sich umgesehen, ihm zugelächelt und sich winkend von ihm verabschiedet.

Auf dem Weg zu ihrer Unterkunft kam ihr in den Sinn, wie sie sein Verhalten zu beurteilen habe. Sie freute sich zwar darüber und hoffte, darin ein Zeichen einer Besserung zu erkennen, zumindest aber einen Ausdruck von Lebensmut. Das freute sie und machte ihr Hoffnung, die sie in den Schlaf begleitete.
Am nächsten Morgen ging Maria, entgegen der sonst üblichen Reihenfolge ihrer Aufgaben zuerst in das Krankenzimmer ihres Bruders. Sie hatte sich ganz fest eingeredet, dass sein freundliches Zulächeln bei der Verabschiedung nur ein Anzeichen einer Besserung sein könne.
Mit diesem Gefühl betrat sie an diesem Morgen sein Zimmer und winkte ihrem Bruder zu. Er schien schon wach zu sein und sie mit einem entspannten Lächeln zu begrüßen. Maria ging dann aber erst zu den Fenstern und öffnete sie, um frische Frühlingsluft hereinzulassen. Sie freute sich, dass sich ihre Hoffnung endlich erfüllt hatte und wandte sich wieder ihrem Bruder zu.
Als sie aber näher an sein Bett trat, erschrak sie. Karl hatte weder seine Haltung noch sein vermeintliches Lächeln vom Abend zuvor verändert und sah starr geradeaus.
Er hatte noch die gleiche Haltung und das gleiche Lächeln, mit dem er sie und auch sich am Abend zuvor verabschiedet hatte.
Jetzt wusste sie auch wie sie sein „Tschüß Marie“ zu verstehen hatte. Er wusste und hatte sicherlich das Gefühl, dass seine letzte Stunde gekommen war. Sein „Tschüß Marie“ sollte sein Abschiedsgruß für immer sein.
Maria konnte einen Aufschrei des Entsetzens nicht unterdrücken. Das hatte auch andere Schwestern ins Zimmer gerufen. Sie fanden sie vor dem Bett ihres Bruders auf dem Boden kniend, beide Hände vor dem Gesicht und den Kopf schüttelnd.
Die Schwestern nahmen sie in die Mitte und führten sie hinaus zu der Bank unter der Linde. Sie redeten ihr zu, dass Gott ihren Bruder erlöst und zu sich gerufen habe und für sie das Leben weitergehen würde.
Maria saß zwischen den Schwestern, die ihr inzwischen gute Freundinnen geworden waren. Sie schüttelte fortwährend den Kopf. Sie wollte das für sie Unfassbare einfach nicht hinnehmen. Unter Tränen wiederholte sie immer wieder die gleiche Schilderung.
„Er hat gewusst, dass er gehen musste und ich habe sein „Tschüß Marie“ falsch verstanden“, warf sie sich vor.
An diesem Tag wiederholte sich die gleiche Szenerie, wie Maria sie nun schon so oft erlebt hatte, die für sie aber ungleich schwerer zu ertragen war. Die

Schwestern wussten, wie schwer es Marie fiel, sich nun von ihrem Bruder verabschieden zu müssen und hatten sie von beiden Seiten untergehakt. Nur mit Mühe und mithilfe ihrer Schwestern hielt sie sich aufrecht.
In diesen wenigen Augenblicken liefen bei Maria in Gedanken noch einmal die vielen gemeinsamen Erlebnisse ab, die sie mit ihrem Bruder hatte, wenn er ihr beigestanden und geholfen hatte, mit den Maßregelungen ihres Vaters fertig zu werden, oder Freude und Schmerz gemeinsam zu teilen und ihr immer das Gefühl gaben, einen gut meinenden großen Bruder an ihrer Seite zu wissen.
Die Mitarbeiter des Hospitals erwiesen jetzt Marias Bruder die letzte Ehre, indem sie ein Spalier bildeten und sich von dem Toten verabschiedeten. Auch Karl hielt nun ein kleines hölzernes Kreuz in seinen gefalteten Händen und hatte immer noch sein angedeutetes „Lächeln" auf seinen Lippen. Aber die Augen hatte man ihm jetzt geschlossen.
Maria brauchte nun alle Kraft, um sich zurückzuhalten und ihren Bruder nicht noch einmal zu umarmen und ihm ein letztes Mal Dank zu sagen. So blieb ihr das letzte Bild von ihrem Bruder, dass sie in ihrer Erinnerung bewahren würde.
Maria hatte darum gebeten, dass man ihren Eltern die Todesnachricht ihres Bruders überbringt. Sie fühle sich dazu nicht in der Lage.
Die Beerdigung fand auf dem neu angelegten Friedhof außerhalb der Stadt hinter dem Neuen Tor im „Scheunenviertel" statt. Viele seiner Freunde gaben Karl ihr letztes Geleit. Unter ihnen war auch Johann. Er stand in ihrer Gruppe an der anderen Seite des noch offenen Grabes. Ihm fiel es besonders schwer, Abschied zu nehmen. Karl war schließlich sein bester Freund. Maria hatte das bemerkt und es wohl empfunden.
Nach der Beerdigung verließen die Teilnehmer langsam den Friedhof. Maria und Johann hatten es beide so eingerichtet, dass sie noch ein paar Worte wechseln konnten.
„Wirst du auch nach Karl's Tod immer noch im Hospital sein?"
hatte Johann leise gefragt.
Maria hatte nur zustimmend mit dem Kopf genickt, weil sie glaubte, dass es sich nicht schicken würde, bei einer Beerdigung, eine Verabredung zu treffen. Aber im nächsten Augenblick war ihr eingefallen, dass sie durch ihr Schweigen vielleicht die Gelegenheit verstreichen lassen könnte, Johann näher kennen zu lernen. Außerdem konnte sie sicher sein, dass eine Verabredung mit seinem besten Freund, ganz im Sinne ihres Bruders gewesen wäre.

„Du hattest es doch versprochen, einmal vorbeizukommen", hatte sie daher leise geantwortet. Es klang sogar etwas vorwurfsvoll, aber Johann wusste, dass er gern gesehen war.
„Ich lasse mich bestimmt schon in den nächsten Tagen einmal sehen", erwiderte Johann und strahlte sie an.
Das hatte Marias Vater mitbekommen. Er argwöhnte, dass sich hier möglicherweise etwas anbahnen und seine Pläne, die er mit seiner Tochter hatte, durchkreuzen könnte. Daher ließ er die beiden nicht mehr aus den Augen, so dass es auch den jungen Leuten auffallen musste. Allein die auffällige Reaktion des Vaters hatte ihnen gezeigt, dass sie sich besser zurückhalten sollten. Daher verringerte Johann langsam seinen Schritt und ließ sich zurückfallen während Maria sich ihren Eltern anschloss.
Das Zusammentreffen der beiden war an dem Tage zwischen den Eltern und ihr aber kein Gespräch mehr. Der Vater hatte nur barsch gefragt:
„Woher kennst du den?"
Um die Sache zu verharmlosen und dem Vater den Argwohn zu nehmen schaltete sich die Mutter ein und antwortete statt Maria.
„Das ist doch Johann Wagner, der Freund von unserem Karl. Er arbeitet doch als Gehilfe in der Schmiede bei Meister Lehmann."
Der Vater sah seine Frau vorwurfsvoll an und knurrte:
„Das weiß ich und wieso spricht sie mit ihm?"
Die Mutter sah ihn mit großen Augen an und schwieg.
Es waren einige Tage vergangen. Maria hatte immer gehofft, dass Johann eines Abends wieder vor der Tür ihrer Scheune sitzen würde und sah sich jedes Mal enttäuscht. Dann, sie hatte schon nicht mehr damit gerechnet, sah sie eines Abends plötzlich Johann wieder auf der Bank vor ihrer Scheune sitzen.
Maria freute sich. Beide standen sich gegenüber und strahlten sich an.
„Du hast aber lange auf dich warten lassen."
„Ich weiß nicht. Aber ich dachte, dass es so kurz nach Karls Tod doch nicht schicklich sein würde, wenn wir uns amüsiert hätten", rechtfertigte sich Johann.
„Ach, amüsieren wolltest du dich mit mir?" erkundigte sich Maria viel bedeutend und schmunzelte.
Johann fühlte sich ertappt, wurde sichtbar verlegen und fand nicht gleich die richtige Antwort. Maria half ihm aus der Verlegenheit.
„Ich weiß zwar nicht, was du darunter verstehst, aber mir hätte das vielleicht gefallen", antwortete sie kess.

Es gefiel ihr, dass Johann zurückhaltend und eher verlegen reagierte.
Sie saßen schon eine ganze Weile auf der Bank und schwärmten von einer erfüllten Zukunft, die nach dieser verheerenden Zeit kommen müsse.
Ohne es ausdrücklich gesagt zu haben, klang es aber immer so, als würden sie sich beide auf eine gemeinsame Zeit freuen können. Jeder hatte seine Wünsche und Vorstellungen geäußert.
Besonders schwärmerisch hatten sich die Visionen von Johann angehört. Er hatte die Vorstellung, sich an der Küste zu verdingen und eventuell als Seemann bei der Hanse anzuheuern. Er verband seine Schilderungen mit Schwärmereien vom „Seemannsleben" damit, andere Städte und Länder kennen zu lernen und sich ein eigenes Zuhause zu schaffen.
Maria sah ihn groß an und konnte sich an seinen Begeisterungen nicht so richtig erwärmen. Für sie entstand durch Johanns Schilderungen eher ein Bild, dass er weit weg wäre und sie allein sein würde. Sie traute sich aber weder direkt danach zu fragen noch ihre eigenen Überlegungen und Gefühle anzubringen.
Johann hatte eine Pause gemacht. Beide schwiegen. Jeder hing seinen eigenen Gedanken nach. Dann wandte sich Johann Maria zu. Er hatte wahrscheinlich lange überlegt, ob er ihr einen versteckten und vorweggenommenen Heiratsantrag machen könnte.
Vorsichtig erkundigte er sich: „Könnte dir ein solches Leben gefallen?".
Maria hatte nicht gleich verstanden und es nicht auf ein gemeinsames Zusammenleben bezogen. Dann sah sie Johann an und blickte in zwei erwartungsvoll strahlende Augen, aus denen die Freude auf eine zustimmende Antwort abzulesen war.
Jetzt erst hatte sie verstanden, dass Johann eine Version ihres gemeinsamen Zusammenseins geschildert hatte. Maria war plötzlich von einem Glücksgefühl befallen, der nicht mit Worten auszudrücken war.
„Ich dachte schon, dass du mich hier sitzen lassen und allein in den Norden abwandern wolltest."
„Maria wie könnte ich das. Ich könnte mir ein Leben ohne Dich gar nicht mehr vorstellen", strahlte er Maria an. Sie umfasste ihren Johann, drückte ihr Gesicht in seine Brust und nickte mit dem Kopf.
Dann ergänzten sie sich gegenseitig mit ihren Vorstellungen und Schwärmereien von einer gemeinsamen Zukunft. Sie versetzten sich in eine erwartungsvolle Stimmung und erträumten sich eine friedvolle Welt. Dabei kamen sie

sich näher und freuten sich, dass sie gleiche Empfindungen hatten. Johann hatte seinen Arm um ihre Schulter gelegt und sie sich an ihn geschmiegt. Sie redeten sich in eine Begeisterung, fern ab von den Bedrohungen und dem Elend, das sie umgab. Es tat beiden gut.

Die Dunkelheit hatte sich allmählich über das Land gesenkt. Die Rinder hatten längst ihren Platz gefunden, wo sie die Nacht verbringen wollten und auch das Zwitschern der Vögel in den nahe stehenden Weidenbüschen war verstummt. Johann hatte seine Maria immer enger an sich gedrückt und gemeinsam mit ihr die abendliche, friedvolle Stimmung genossen. Die abendliche Kühle ließ beide immer näher rücken.

Nach einer Weile löste sich Maria aber aus der Umarmung, fasste Johann an die Hand und zog ihn wortlos mit sich.

„Ich zeig' dir mal meine Kammer", sagte sie leise, „die seit Wochen mein Zuhause ist. Da ist es angenehmer."

Johann schien so überrascht, dass er immer noch stocksteif in der Tür stand, bis Maria ihm einen Platz anwies.

Es war bereits früher Morgen als sich Johann von Maria verabschiedete. Die Vögel hatten bereits mit ihrem Gesang den nächsten Tag eingeläutet, und Marias Rinderherde war schon ausgeschwärmt, sich die günstigsten Futterstellen zu suchen.

Um in die Stadt zu gelangen hatte Johann das Friedländer Tor genutzt. Der Torwächter hatte es gerade bei Tagesanbruch geöffnet. Johann hatte diesen Umweg gewählt, weil er um das Haus von Marias Eltern einen Bogen machen und bei ihrem Vater keinen Verdacht erregen wollte.

Beide, Maria und Johann hatten später, während Maria noch im Hospital tätig war, immer wieder die Zeit genutzt, um sich zu sehen und gemeinsame Pläne für ihre Zukunft zu schmieden. Sie waren sich beide völlig einig und freuten sich auf ihre gemeinsame Zeit.

Gegen Ende des Jahres hatte Maria mit dem Rückgang der Epidemie häufiger in der Stadt in ihrem Elternhaus gewohnt. Man hatte ihr im Hospital zwar angeboten, weiterhin im Bereich der Krankenpflege tätig bleiben zu können, aber ihr Vater hatte, wie er es nannte, „andere Pläne" mit ihr. Dennoch blieb sie bis ins nächste Jahr im Hospital beschäftigt.

Die Menschen in den norddeutschen Regionen hatten sich bisher weithin sicher gefühlt, da sich die Kämpfe vorwiegend im süddeutschen Raum abgespielt hatten. Man hoffte im Norden, dass dort im Süden auch die entscheidenden Schlachten geführt und letztlich die immer grausamer geführten Auseinandersetzungen endlich ihr Ende finden würden.
Man schrieb das Jahr 1626.
Die unter der Führung des Dänenkönigs Christian IV. stehenden protestantischen Truppen vermochten es nicht, das Vordringen der kaiserlichen Truppen unter Grafen von Tilly und Herzog von Wallenstein in nördliche Regionen zu verhindern. Mit der Niederlage der protestantischen Armee bei Lutter am Barenberg 1626 wurde auch für Herzog Wallenstein das Tor in den Norden geöffnet. Eine Folge dieser Niederlage war, dass den Mecklenburgischen Herzögen, die dem norddeutschen protestantischen Verteidigungsbündnis angehörten, von Kaiser Ferdinand II. alle Besitzungen und Titel entzogen wurden. Der Kaiser hatte sie als Reichsrebellen verurteilt und das Mecklenburgische Herzogtum an Herzog von Wallenstein, vergeben. Der hatte daraufhin seine Residenz in Güstrow eingerichtet. Damit stand auch die katholische Liga unmittelbar vor der Tür der angrenzenden protestantisch orientierten mecklenburgischen Städte. Das Schicksal protestantischer Kräfte und Einrichtungen Norddeutschlands war damit unmittelbar gefährdet. Ständig wechselnde Kampfplätze, mordende und umherziehende Heerhaufen, stürzten die mecklenburgische Bevölkerung in schwerste Bedrängnisse.
Das rief dann auch die protestantischen Herrscher Dänemarks und Schwedens auf den Plan. Sie sahen sich immer mehr selbst bedroht und in ihrer protestantischen Pflicht gefordert. Zunächst war es ihnen gelungen, die Kaiserlichen innerhalb weniger Monate zumindest für kurze Zeit aus Mecklenburg zu vertreiben. In der Folgezeit stellte sich aber ein ständiges Auf und Ab der kriegerischen Konstellationen ein. Das war dann auch für die Neubrandenburger immer mehr Anlass zur wachsenden Beunruhigung. Man hatte sich dort, wie auch in anderen norddeutschen Städten darauf eingestellt, plötzlich von Truppenteilen der katholischen Liga überfallen oder belagert zu werden. Speziell die Neubrandenburger vertrauten aber auf die gewaltigen Wehranlagen ihrer Stadt und die damit verbundenen ringsherum bestehenden ausgeklügelten Überschwemmungsanlagen.

Urplötzlich sahen sich die Neubrandenburger wie aus dem Nichts, der Belagerung durch die katholischen Truppen des Generals von Wallenstein ausgesetzt.
Alles war in höchster Aufregung.
In aller Eile wurden Vorbereitungen für die Verteidigung der Stadt getroffen. Aber schon bald musste man einsehen, dass in der Kürze der Zeit die Zugänge zur Stadt nicht hinreichend verbarrikadiert werden konnten.
Hinzu kam, dass auch die für einen Verteidigungsfall vorgesehene Überflutung des Vorfeldes im südlichen Teil der Stadt wegen der Kürze der Zeit nicht geschehen war. Allein der geringe Grundwasserstand hätte es gar nicht ermöglicht. Auch für eine hinreichende Bevorratung mit Nahrungsmittel für einen längeren Zeitraum fehlten die entsprechenden Vorbereitungen.
Unter diesen Umständen kam ihnen entgegen, dass ihnen von den kaiserlichen Truppen das Angebot unterbreitet wurde, dass sich die Stadt vor allem mit Lebensmittel freikaufen könne.
Daher hatte man sich schnell entschlossen, das Angebot anzunehmen. Die Stadt erklärte sich bereit, 8.000 Taler zu zahlen, 100 Fass Bier und 1.000 Brote zu liefern. Außerdem hatte sie für die Versorgung der etwa 6.000 Mann starken Truppe für die Zeit der Belagerung aufzukommen.
Wenngleich der erpresserische Umfang der Lieferungen für die kleine Stadt, mit ihren etwa 3.000 Einwohnern, an die Existenzgrenze führte, waren die Belastungen, abgesehen von einzelnen Überfällen, Plünderungen und Vergewaltigungen seitens der katholischen Truppen Wallensteins noch einigermaßen hinnehmbar.
Der Ruf, der dem General von Wallenstein vorausgegangen war, seine Feldzüge mit einträglichen Geschäften zu verbinden, hatte sich auch in Bezug auf die Belagerung Neubrandenburgs erneut bestätigt. Getreide, Fleisch und andere Produkte, über die Versorgungsforderungen für die Truppe hinaus, hat er gegen hinreichende Bezahlung von den Ackerbürgern der Stadt erpresst.

❧

Bauer Ackermann, Marias Vater, hatte auch für sich eine Chance erkannt und suchte entsprechende Verbindungen zu den Kaiserlichen. Sein Paktieren mit ihnen hatte sich in der Stadt schnell herumgesprochen. Das beschränkte sich

nicht nur darauf, für sich entsprechende Geschäfte abzuwickeln. Er bot sich auch an, weitergehenden Handel mit anderen Partnern der Stadt zu vermitteln, um dabei zusätzliche Gewinne auch für sich abzuzweigen.
Die Schwestern im Hospital, St. Georg, fühlten sich trotz der Belagerung durch die Kaiserlichen weithin sicher. Sie konnten davon ausgehen, dass es sich auch unter den kaiserlichen Truppen herumgesprochen hatte, dass dort nach wie vor Pestkranke untergebracht und behandelt werden. Möglicherweise war das auch einer der Gründe dafür, dass Wallenstein die Belagerung der Stadt schon nach relativ kurzer Zeit aufgegeben hatte, um zu verhindern, dass sich seine Truppen mit dem in der Stadt noch nicht völlig überwundenen Pestvirus infizieren.
Marias Vater wusste diesen Umstand aber ganz anders auch für sich und sein Ansehen in der Stadt zu nutzen. Wie immer hatte er es wieder einmal verstanden, sich bald in einem ganz anderen Licht, gewissermaßen als ein „Retter der Stadt“ darzustellen. Sein Argument, das er bei jeder Gelegenheit anbrachte, war, dass man es ihm und den anderen Geschäftemachern zu danken habe, dass Wallenstein die Belagerung der Stadt, so schnell aufgegeben hätte, da die Stadt den Forderungen Wallensteins bereitwillig nachgekommen war und entsprechende Produkte geliefert hatte.

Maria hatte zu dieser Zeit bereits wieder ihr Dachzimmer im Anbau des elterlichen Wohnhauses bezogen.
Eines Abends, Maria war von ihrem Dienst zurück, wurde sie von ihrem Vater ins Zimmer gerufen. Ihre Mutter saß etwas abseits, mit einer Miene, die eher Verlegenheit und Hilflosigkeit verriet. Es schien alles sehr gewichtig.
Immer wenn der Vater etwas Bedeutendes zu regeln oder zu verkünden hatte, sprach er hochdeutsch. Offenbar glaubte er, es damit auch seiner Stellung und vor allem auch seinem gesellschaftlichen Ansehen in der Stadt schuldig zu sein. Schließlich zählte er zu den größten Bauern in der Stadt und genoss Ansehen und Geltung.
Ihr Vater tat, als müsse er einer Vaterpflicht nachkommen, um die Zukunft seiner Tochter zu sichern. Die ungewohnte Freundlichkeit des Vaters, die zugleich auch dringlich und unabänderlich wirkte, weckte von vornherein das Misstrauen seiner Tochter. Sie sollte sich nicht getäuscht haben.

Salbungsvoll begann er ihr zu erklären, dass sie jetzt das Alter habe, um über ihre Zukunft nachzudenken und entsprechende Vorentscheidungen zu treffen. Aus dem Grund, so erklärte er, habe er mit dem Haus- und Ackernachbarn gesprochen und vereinbart, dass sie in Zukunft die Bewirtschaftung ihrer Acker- und Weideflächen zusammenlegen wollten. Wichtig sei für eine so große Wirtschaft, dass eine tüchtige Hausfrau, auch auf dem Hofe seines Nachbarn die Regie übernähme.

Maria verstand noch nicht was das mit ihr zu tun hätte. Da der Vater das Problem aber so nachdrücklich anging wurde sie umso misstrauischer.

Dann wurde der Vater deutlicher.

„Diese Rolle“ so erklärte er, „wirst du übernehmen!“ und sah sie herausfordernd und bestimmend an.

Maria glaubte, ein Schlag hätte sie getroffen. Sie wusste, dass es üblich war, dass Eltern über Eheschließungen ihrer Kinder mit Geschäftspartnern Vereinbarungen treffen und rückhaltlos auch über ihre Kinder entscheiden. Ihr schwante nichts Gutes. Ein Schauder erfasste ihren ganzen Körper.

„Wenn es meinem Vater um seine Vorteile geht, wird er unausstehlich und scheut vor keiner Gemeinheit zurück“, sagte sie sich.

Sie dachte an ihre Vereinbarung mit ihrem Johann, an die Pläne, die sie beide für ihre Zukunft gemacht hatten und fürchtete, dass der Vater sie zunichte machen könnte. Sie war entschlossen, das unbedingt zu verhindern und suchte nach einem Ausweg. Ihr erster Gedanke war, eventuell Beistand bei ihrer Mutter zu finden. Aber ihre Mutter saß in sich gekehrt etwas abseits, in einer Haltung die deutlich machte, dass sie nicht beteiligt werden möchte. Sie hatte den Blick gesenkt und ließ sich nicht erreichen und einbeziehen.

Inzwischen hatte der Vater seine Vorstellungen schwärmerisch ausgebreitet und sie in den herrlichsten Farben geschildert.

„Ich bin mir mit Bauer, Lehmann, unserem Nachbarn, einig, dass du seinen Sohn, Wilhelm, heiratest, und mit ihm gemeinsam den großen Hof bewirtschaftest. Wilhelm ist zwar nicht der Hellste, weil er in der Schule nicht mitgekommen ist, er ist aber ein gutmütiger Kerl und fleißiger Arbeiter ...“

Maria war wie vom Schlag gerührt.

„... Er braucht nur eine führende Hand, die du ihm geben sollst. Die Knechte und Leute werden ihre Arbeit wie immer machen. Und außerdem hast du mich an deiner Seite. Wichtig ist, dass die Wirtschaft läuft. Wie du die

familiären Dinge und dein Verhältnis zu Wilhelm gestaltest, ist doch allein deine Sache", versuchte der Vater ihre Bedenken zu zerstreuen.
Maria war fassungslos. Sie verstand die Welt nicht mehr und empfand es einfach entsetzlich, was ihr Vater ihr da zumutete. Sie war sich sicher, dass sie zusammen mit ihrem Johann einen Ausweg finden würde, um den Plan ihres Vaters zu verhindern.
Maria hatte wieder zur Mutter gesehen.
„Mutter muss mir doch helfen, sie wird doch einem so entsetzlichen Plan nicht zustimmen können", hoffte sie.
Sie musste aber hinnehmen, dass die Mutter durch ihre Gesten zu verstehen gab, an dem Willen des Vaters nichts ändern zu können. Sie hatte den Kopf zur Seite geneigt, die Schultern gezogen und damit zu erkennen gegeben, sich nicht einmischen und an dem Willen des Vaters etwas ändern zu können.
„Seine so genannten Pläne sind nichts anderes als ein simples Geschäft, in dem ich nur ein Handelsgegenstand bin ...", sagte sich Maria, „das mache ich nicht mit", entschied sie für sich.
Sie dachte an ihre eigenen Pläne, die sie mit ihrem Johann vereinbart hatte und die sie auf gar keinen Fall aufgeben würden. Allein der Gedanke daran beruhigte sie, weil sie wusste, dass sie zusammen mit Johannes einen Weg finden würde. Sie wollte so schnell wie möglich mit ihm, Johann, darüber sprechen, um ihre Vorstellungen möglichst bald wahr zu machen. Sie wusste aber, dass sie auch ihrer Mutter gegenüber nicht einmal eine Andeutung machen durfte
Nach diesen Überlegungen hatte Maria ihre Fassung wieder gefunden und sich unter Kontrolle. Sie wusste, dass sie sich den Plänen ihres Vaters jetzt nicht entgegenstellen musste und entschloss sich, auf seine Vorstellungen gelassen zu reagieren.
Ihre Eltern waren überrascht. Maria wechselte einen Blick mit ihrer Mutter. Aus deren Reaktion war eine gewisse Genugtuung aber auch Unsicherheit abzulesen, weil sie mit einer solchen Reaktion ihrer Tochter überhaupt nicht gerechnet hatte.
In scheinbarer Gelassenheit erkundigte sich Maria, ob die Sache nicht noch etwas Zeit hätte, weil sie sich noch nicht in der Lage fühle, eine solche Verantwortung zu übernehmen.
Ihr Vater glaubte, aus solchen einsichtsvollen Worten seiner Tochter schließen zu können, dass sie grundsätzlich nicht abgeneigt war, seinem Plan zu folgen. Entsprechend wohlwollend und großmütig reagierte er, ging auf die Beden-

ken seiner Tochter ein und zeigte sich von einer Großmütigkeit, die Maria bei ihrem Vater nie kennen gelernt hat.
„Wir haben keine Eile. Und was dein Verhältnis zu Wilhelm betrifft, ihr habt euch doch immer gut miteinander verstanden. Daran muss sich doch auch künftig nichts ändern. Wie ihr das macht, ist doch eure Sache."
Ihr Vater versuchte, ihr die ganze Sache zu verharmlosen und schmackhaft zu machen. Dabei entwickelte er so seine eigenen Vorstellungen von einer Ehe, die sich ja nicht unbedingt auch im intimen Bereich abspielen müsse, sondern eher als eine „Vernunftehe" gestaltet werden könne.
Maria sah keine Veranlassung auf die irren Vorstellungen ihres Vaters zu reagieren. Sie hatte daher nur nachdenklich mit dem Kopf genickt, was der Vater sicherlich als eine zustimmende Geste deutete. Maria hatte das allerdings eher auf ihre eigenen Überlegungen und Pläne mit ihrem Johann bezogen und ihre Vorstellung bekräftigt, sie möglichst schnell anzupacken.
Sie hatte sich vorgenommen, unbedingt schon beim nächsten Zusammentreffen mit Johann ihn über den abscheulichen Plan ihres Vaters zu informieren. Sie war sich sicher, dass ihr Johann einen Weg finden würde, um ihr ohnehin geplantes Vorhaben zu beschleunigen und den Plan ihres Vaters zu unterlaufen. Sie freute sich schon darauf, ihrem Vater eine solche Überraschung bieten zu können.
Ihr Zimmer im ersten Stock des hinteren Anbaus war auch über den Hof, durch die Hintertür des Hauses, zu erreichen. Das war insofern günstig, da sie auf diesem Weg ihren Johann empfangen konnte. Günstig war auch, dass die Gärten hinter den Häusern an jene Gärten grenzten, die zu den Häusern der Parallelstraße gehörten und deren Begrenzungen kein Hindernis, sondern leicht zu überwinden waren. Das hatte bisher immer sehr gut geklappt und war dem Vater sehr wahrscheinlich unbemerkt geblieben.
Johann hatte zwar seine Bedenken, gelegentliche nächtliche Besuche dieser Art vorzunehmen, wollte sich aber auch nicht das Ansehen bei Marias Vater, durch ein allzu freizügiges Vorgehen, verderben. Maria war es, die ihm diese Bedenken nicht nur ausgeredet, sondern auch alle Umstände und Abläufe der nächtlichen Besuche arrangiert hatte, die nach ihrer Vorstellung völlig unbemerkt ablaufen könnten.
Auch das Verhalten des Hofhundes, Senta, war dabei mit einkalkuliert worden. Er kannte Johannes ja bereits aus der Zeit von Marias Unterbringung in der Scheune hinter dem Hospital. Senta freute sich jedes Mal, wenn ihn sein

Freund Johannes besuchte. Er empfing den nächtlichen Besucher freundlich, begleitete ihn bis zum Hintereingang und erwartete ihn dann geduldig wieder am frühen Morgen, um ihn zu verabschieden, wenn Johann das Grundstück verlassen wollte.

Marias Kalkulationen und Arrangements hatten, wie sich später herausstellte, allerdings den Makel, dass der Vater von diesen gelegentlichen nächtlichen Rendezvous wusste oder sie zumindest erahnte. Er wusste jedoch nicht, wer der nächtliche Besucher war. Um das zu erfahren und die Besuche nachdrücklich zu unterbinden, hatte er Vorkehrungen getroffen.

Jetzt, nachdem er sich festgelegt und entsprechende Vorvereinbarungen mit seiner Tochter getroffen hatte, mussten diese nächtlichen Besuche nach seiner Vorstellung natürlich unterbleiben.

Er hatte auf dem Weg, den der nächtliche Besucher über den Hof nehmen musste, alles mögliche Gerümpel verteilt, über das der unerwünschte Gast im Dunklen stolpern und sich so verraten sollte. Außerdem hatte er sich in seinem Schlafzimmer hinter seinem Bett den Ochsenziemer zurechtgelegt, mit dem er den Besucher empfangen wollte.

Die Tage vergingen. Nichts, was der Vater hätte wahrnehmen können, geschah. Maria hatte wie zuvor ihren Johannes empfangen.

Der Hund, auf dessen Wachsamkeit sich der Vater verlassen wollte, hatte nie gekläfft. Mehr noch, er hatte sogar dafür gesorgt, dass auch die zweite Warnvorrichtung, die Stolperstrecke, nicht wie erhofft funktionierte. Der Hund hatte seinen Freund, Johann, nachts schon immer am Gartenzaun erwartet, hatte ihn freudig begrüßt und war vor ihm über die Stolpergegenstände gesprungen und dadurch Johann darauf aufmerksam gemacht, dass er nicht poltert und sich verrät.

Da der Vater aber einen leichten Schlaf hatte und immer auf den unerwünschten Besucher gewartet hatte, bekam er eines nachts mit, dass Maria im Anbau ihre Kammertür mitten in der Nacht verriegelt hatte, was sie sonst nie tat.

Vater Ackermann hatte sich vorsichtig vergewissert, dass der nächtliche Besucher in Marias Kammer war. Er hatte sich unten im Hausflur eine Sitzgelegenheit eingerichtet, um den unerwünschten Besucher auf dem Rückweg zu empfangen.

Stunde um Stunde verging. Langsam hatte ihm die Kälte immer mehr zugesetzt und ihn in eine Stimmung versetzt, die er den Besucher umso derber spüren lassen wollte. Draußen kündigte sich bereits der nächste Morgen an.

Dadurch lief er Gefahr, früher entdeckt zu werden, als er den Besucher stellen konnte.
Es dauerte dann aber nicht mehr lange, bis sich Johann von seiner Maria verabschiedet hatte, um sich langsam die Stiege hinunterzuschleichen. Er hatte die letzte Stufe noch nicht verlassen, als er vor dem schummrigen Hintergrund plötzlich einen Mann erkannte und den Ochsenziemer auf sich zurasen sah. Im letzten Moment konnte er dem ausweichen.
Johann hatte reaktionsschnell dem Angreifer die Faust ins Gesicht gedrückt. Durch die Wucht des Schlages verlor der Vater das Gleichgewicht und taumelte hintenüber. Dabei landete er mit dem Hinterkopf an der Stuhlkante, die ihm zuvor als Sitzgelegenheit gedient hatte. Für einen Moment war Ruhe. Der Vater lag regungslos am Boden. Der Schlag eines Hufschmieds hatte ihn völlig außer Gefecht gesetzt. Dann polterte Maria die Treppe herunter und rief ihrem Johann, der für den Augenblick, unentschlossen dastand, zu:
„Lauf Johann!“
Dann kümmerte sie sich um den Vater, der immer noch benebelt war und stark mitgenommen zu sein schien. Inzwischen war auch die Mutter auf dem Flur, die nun die Fürsorge für den Vater übernahm.
„Ick häv mi dat doch dacht, dat dat so utgeht.“ (Ich hab’ mir das doch gedacht, dass es so ausgeht.)
Während sie das immer wiederholte, betupfte sie das stark geschwollene Auge des Vaters und die blutende Platzwunde am Hinterkopf mit einem großen Linnentuch. Sie sah ihre Tochter vorwurfsvoll an und schüttelte fortwährend den Kopf.
„Wat sall dat blot warn mit juch?” (Was soll das bloß werden mit euch?) fragte sie und meinte damit wohl eher die Situation, in die sie durch die Pläne des Vaters geraten waren.
Beide Frauen stützten den Vater und begleiteten ihn ins Zimmer. Immer wenn seine Tochter ihm behilflich sein wollte, ließ er ihr seinen Unwillen spüren. Sie hatten die Platzwunde am Hinterkopf zum Stillen gebracht und eine Binde angelegt. Der Versuch, die Schwellung am Auge zu verhindern, misslang ihnen jedoch. Sie schien sich noch immer mehr auszubreiten. Der Vater sah böse zugerichtet aus und musste sich offenbar erst sammeln, bevor er seine Schimpfkanonade gegen seine Tochter losließ.
Sie fiel dennoch aber entgegen Marias Erwartung gemäßigt aus. Wahr-

scheinlich hatte er sich an seine eigene Jugend erinnert. Außerdem wollte er es sich auch nicht mit Marias vermeintlicher Einsichtigkeit bezüglich seiner Pläne verderben und beschränkte sich darauf, ihr einzureden, dass der Johann ohnehin nicht der Richtige für sie sei.

„Da bist du doch mit dem Willhelm und dem Hof viel besser dran als mit so einem Habenichts. Der hat doch nichts zu bieten und kommt aus einer Familie, die es ohnehin zu nichts gebracht hat. Heiraten ist doch nicht nur pure Liebe, sondern hat doch auch immer was mit Vernunft und Überlegung zu tun."

Maria schwieg.

„Den wirst du los, Marie, den zeig ich an wegen „Haus- und Friedensbruch" oder wie das heißt. Und auch wegen „schwerer körperlicher Verletzung". Der wird schon sehen was er davon hat", fuhr er fort.

Maria reagierte nicht.

Sie wusste, dass sie das ihrem Vater ohnehin nicht ausreden konnte. Ihre größte Angst war, dass eine Anzeige gegen Johann ihre Zukunftspläne gefährden würde. Sie sah ihre Mutter erschrocken an, von der sie wusste, dass sie doch auf ihrer Seite stand.

Aber wieder erlebte sie, dass ihre Mutter sich nicht traute, gegen die Absicht des Vaters einzuschreiten. Gerade jetzt, wo Maria Hilfe und Beistand so nötig gebraucht hätte.

Als der Vater das Zimmer verlassen hatte, flüsterte sie ihrer Tochter zu.

„Loop to Johanns Mudder und sech ehr besched, wenn Vadder wech is." (Laufe zu Johanns Mutter und sage ihr Bescheid, wenn dein Vater weg ist.)

Maria wartete, bis der Vater den Hof verlassen hat. Sie wusste, dass er heute noch aufs Feld musste, um dort die Knechte bei der Rübenernte einzuweisen. Ihr war aber auch bewusst, dass die Sache mit der Anzeige ernst zu nehmen war. Er galt etwas auf dem Amt und hatte dort seinen Willen und seine Anträge bisher immer durchgesetzt.

Der Vater war auf den Hof gegangen, um den Wagen für die Rübenernte fertig zu machen. Die beiden Knechte waren bereits dort und warteten auf ihn. Sie sahen ihren Bauer groß an und wussten zunächst nicht, was sie von dem Anblick ihres Herrn halten sollten.

„Moin", knurrte der Bauer und ging an ihnen vorbei.

„Watt hemm se denn moakt, Buhr?" (Was haben sie denn gemacht, Bauer?) fragte der eine Knecht.

„Ick häv mi stött“, (Ich habe mich gestoßen) kam die einsilbige Antwort im Vorbeigehen.
Beide Arbeiter sahen sich an und wussten, dass es nicht stimmt. Dann sahen sie den Bauer hinterher und schmunzelten.
„Süst du, un ok gliek von hinnen“, sagte der andere Knecht mit einem breiten Schmunzeln. (Siehst du, und auch gleich von hinten) und konnte sich das versteckte Lachen nicht verkneifen.
Beim Verlassen des Hofes wollte die Mutter das Tor wieder verriegeln. Der Vater rief ihr zu:
„Kannst up laten, ick bün gliek wedder torüch. Ick will noch up de Wach“. (Kannst auflassen, ich bin gleich wieder zurück. Ich will noch zur Wache.)
Die Mutter verständigte Maria, dass der Vater gleich zurück sei und sie sich beeilen müsse.
Johanns Mutter freute sich und begrüßte Maria, in der sie schon immer gern ihre künftige Schwiegertochter gesehen hätte.
„Katherina ick häv keene gode Noricht und ock keene Tid“, (Katherina, ich habe keine gute Nachricht und habe auch keine Zeit) pustete sie, völlig außer Atem.
„Johann is de Nacht bi mi west. Min Vadder het uns sehen un ward up Johann to goan. De het sich wöhrt un mien Vadder verprügelt.“ (Johann ist die Nacht bei mir gewesen. Mein Vater hat uns gesehen und war auf Johann zugegangen. Der hat sich aber gewehrt und hat meinen Vater verprügelt)
„Oh Gott, wi kümmt he denn dor to?“ (Oh Gott wie kommt er denn dazu?) reagierte Katherina entsetzt.
„Dat is noch vel leger. Min Vadder will em anzeigen wägen Hausbruch oder so. Johann möt wech, sich verstäken.“ (Das ist noch viel schlimmer. Mein Vater will ihn anzeigen, wegen Hausbruch oder so. Johann muss weg, sich verstecken.)
„Wat sall dat blot warn mit juch, Marie. Aber ick sech em fix besched. Loat di mol wedder sehn bi mi Marie!“ (Was soll das bloß werden mir euch, Marie. Aber ich sag ihm schnell Bescheid. Lass dich mal wieder sehen Marie.)
Damit verabschiedeten sich die beiden Frauen.
Kurze Zeit später war Marias Vater wieder zurück vom Feld. Er hatte es eilig.
„Ick goa to de Wach und will dissen Kierl anzeigen.“ (Ich gehe zur Wache und zeige diesen Kerl an.)
Alle Bemühungen der Frauen, ihn davon zurückzuhalten, waren erfolglos.

Es dauerte eine Weile, bis er zurück war. Der Vater zeigte sich sehr befriedigt. Er wird sicherlich auch insofern sehr zufrieden gewesen sein, da er mit der Anzeige gegen Johann einen möglichen Kontrahenten ausschließen konnte, der seine Pläne, die er mit seiner Tochter hatte, durchkreuzen könnte.
„Die hatten auf der Wache Verständnis und haben auch noch einen Einbruch in die Anzeige mit reingeschrieben. Die Körperverletzung im eigenen Haus gilt nach dem Recht als besonders schwerer Fall. Der kann mit einigen Jahren Gefängnis rechnen. Solche Dinge dürfe man in der Stadt nicht durchgehen lassen, haben sie gemeint."
Maria hatte das Gespräch mitgehört und war außer sich. Sie wusste, dass damit die Pläne, die sie mit Johann für ihre gemeinsame Zukunft gemacht hatten, zunichte sind. Vorerst durfte sich ihr Johann hier nicht sehen lassen.
Sie wollte unbedingt noch einmal mit Johanns Mutter sprechen, damit Johann weiß, wie ernst die Sache ist. Noch am Abend des gleichen Tages hatte sie Katharina wieder aufgesucht, um sie zu informieren.
„Kann ich Johann sprechen, ist er bei dir?" erkundigte sich Maria.
„Nee, Marie, ick wet nich, wo he sich versteckt hölt", (Nein Marie, ich weiß nicht, wo er sich versteckt hält.) antwortete sie.
Dann schilderte sie ihr, dass ihm ein Freund, der auf der Wache arbeitet, verraten hatte, dass ihr Vater ihn angezeigt hätte und er mit einigen Jahren Gefängnis Strafe rechnen müsse.
Daher hätte er gleich seine Sachen gepackt, um sich irgendwo bei einem Freund zu verstecken. Dann wollte er abhauen und würde sich wieder melden. Wie das gehen könnte, wüsste er noch nicht. Auf keinen Fall würde er sich einsperren lassen.
Dann sagte sie:
„Ick süll di sengn, dat dat allens so warn deit, ass ji juch dat utdacht hemm. Du sasst up em tömn. Mier wet ick ok nich." (Ich soll dir sagen, dass das alles so werden wird, wie ihr euch das ausgedacht habt. Du sollst auf ihn warten. Mehr weiß ich auch nicht.)
Maria strahlte übers ganze Gesicht, fasste Oma Katherina um, drückte sie lange und sagte: „Denn ward dat allens god warn, Katherina." (Dann wird das alles gut werden, Katherina.)
Damit verabschiedeten sie sich.

2. Johanns Schwedenzeit

Johann hatte nur einen Wunsch, sich möglichst schnell aus der näheren Umgebung Neubrandenburgs zu entfernen. Die paar Kilometer bis zur Küste wollte er notfalls zu Fuß zurücklegen. Die Nacht nach diesem aufregenden Tag hatte er außerhalb der Stadtmauern in einer Scheune seines Freundes verbracht. Er bedauerte nur, dass er seine Maria nicht mehr verständigen und sich von ihr verabschieden konnte. Zum Glück, so redete er sich ein, hätten sie sich beide ja ausführlich über ihre Zukunftsvorstellungen verständigt.
„Sie wird sich daher denken können, dass ich versuchen würde, mir in der Umgebung von Stralsund eine Bleibe zu suchen, wo ich sie dann irgendwann hinholen würde“, beruhigte er sich.
Mit diesen Überlegungen und den Gedanken daran, dort mit seiner Maria zusammenleben zu können, versetzte er sich in eine freudige Stimmung. So hatte diese unangenehme Seite doch auch etwas Gutes, weil es ihre gemeinsamen Zukunftsabsichten beschleunigen würden.
Er hatte schon einige Kilometer zurückgelegt und sich darangemacht im Straßengraben sein Frühstück zu verzehren, das ihm seine Mutter mitgegeben hatte. Sie hatte ihn auch reichlich mit Silberlingen versorgt.
Johann hatte Treptow (Altentreptow) erreicht und sich in einer Senke vor dieser Siedlung im Straßengraben niedergelassen. Nach einer Weile hörte er hinter sich Pferdegetrampel und das Schnaufen von Pferden.
„Sollten die mich mit Pferden suchen“, schoss ihn plötzlich ein. Sicherheitshalber versteckte er sich hinter einem dichten Strauch am Straßengraben.
Doch dann entdeckte er, dass das Prusten und Pferdegetrampel von einem Kaufmannstreck herrührte, der langsam über die Anhöhe kam. Johann erkundigte sich, in welche Richtung sie ziehen und ob er sich anschließen dürfe.
„Wi trecken noa Stroalsund. Wenn du mit anfoaten dest, kannst du mitkoam“, (Wir ziehen nach Stralsund. Wenn du mit anfasst, kannst du mitkommen.) erhielt er als Antwort.
Johann war zunächst unentschlossen, da die Kaufleute unterwegs oft Station machen und verkaufen wollten. Dann entschloss er sich aber doch, sich anzuschließen. Möglicherweise kann er doch einiges über Stralsund erfahren und vielleicht sogar auch gute Ratschläge erhalten, wie er sich dort einbringen könnte.

Johann hatte sich gleich auf der ersten Station in Treptow nützlich gemacht und mit angepackt. Die Art, wie er das tat und konnte, brachte ihm während des Trecks bei vielen Kaufleuten Sympathie ein.
Nach einigen Tagen hatten sie Stralsund erreicht. Von einer Anhöhe aus zeigte sich die Hansestadt auf einer der Inseln mit den vielen Häusern, die sich um die Kirche gruppierten, den vielen Schiffen und dem Zugang zu dem weiten Meer. Das wirkte irgendwie einladend auf ihn, so dass er sich sagte, dass ein solcher Ort doch auch für ihn Platz haben und Zugang zur weiten Welt bieten müsste. Er sah das erste Mal das weite Meer, das ihn in Staunen versetzte. Seine Sorgen um seine Zukunft waren im Nu verflogen. Auf seiner Fahrt dorthin hatte er von vielen Kaufleuten Anregungen und Vorschläge erhalten. Eine Anregung empfand Johann besonders sympathisch. Dabei handelte es sich, der Schilderung nach, um eine schwedische Handelsgesellschaft, die ein Überbleibsel aus der vergangenen Hansezeit sein müsste. Die Gesellschaft importierte Felle aller Art, Erze, Bernstein und Schmuck und exportierte für die Rückladung nach Schweden Getreide, Buchweizen und Hirse, aber auch Kalk und andere Baumaterialien.
Der Treck hatte in unmittelbarer Nähe des Hafens Halt gemacht und Markt gehalten.
Zunächst war nichts von einer schwedischen Handelsgesellschaft zu sehen. Daher hatte sich Johann, wie bisher bei den Kaufleuten weiter nützlich gemacht. Als sich nach deren Rückfahrt immer noch nichts tat, blieb ihm keine andere Wahl als täglich am Hafen zu versuchen, sich als Packer ein paar Silberlinge zu verdienen. Sie reichten gerade, um sein Strohlager zu bezahlen und den größten Hunger zu stillen. Die Silberlinge, die ihm seine Mutter von ihrem Gesparten zugesteckt hatte, wollte er nicht anbrechen. So zog sich das einige Tage hin. Allmählich hatte er sich auf ein solches Leben eingestellt und gelernt, die eine oder andere Beschäftigung zu ergattern.
Eines Morgens hatte ein Zweimastfrachter, eine holländische Fleute (Frachter), am Kai festgemacht. Sie hatte sofort Johanns Aufmerksamkeit erregt. Es war ein Frachter unter schwedischer Flagge, der Erze und auch Felle geladen hatte. Johann, der sich stets in der Nähe des Frachters aufgehalten hatte, hörte aus den Gesprächen heraus, dass der Frachter offensichtlich für die Rückfahrt landwirtschaftliche Produkte laden wollte. Die lagen bereits seit einigen Tagen in der Verladehalle bereit.

Johann hatte sich zu einigen Hafenarbeitern gesellt, die ihn von vorangegangenen Arbeitseinsätzen her kannten. Auf seine Frage, hier eventuell auch eine ständige Arbeitsmöglichkeit zu finden, antworteten sie sehr einsilbig, sie seien bestellt worden und zeigten sich wenig gesprächsbereit. Wie es schien, war von ihnen nichts in Erfahrung zu bringen. Ob die Arbeiter Konkurrenz fürchteten, oder einfach nur um ihren eigenen Platz fürchteten, war nicht auszumachen. Jedenfalls hatten sie abweisend reagiert und ihm damit gezeigt, dass er hier nicht erwünscht war. Seine Hoffnung und sein Optimismus, endlich zu den Schweden Kontakt zu finden, war plötzlich erloschen. Missmutig beobachtete er den Beginn des bunten Treibens am Kai. So schnell wollte er nicht aufgeben. Daher blieb er in der Nähe und wartete darauf, möglicherweise jemand von der schwedischen Gesellschaft zu sehen. Er setzte sich in der Nähe der Fleute auf einen Poller und verfolgte das Geschehen.

Ein Arbeiter, der besser gekleidet war und irgendwelche Notizen zu machen schien, kam auf ihn zu und knurrte ihn an, was aber eher spaßig gemeint war: „Tokiekers köhn wi hier nich bruken“ (Zuschauer können wir nicht gebrauchen) und musterte Johann.

„Man will mi hier över doch gor nich hemm“, (Man will mich hier aber gar nicht haben.) antwortete er.

Ohne darauf einzugehen, antwortete der Vorarbeiter:

„Dor, nimm di sone Kapuz und foat mit an! To ierst sech mi över dien Noam!“ (Da, nimm dir solche Kapuze und fass mit an! Zuerst sag mir aber deinen Namen!)

Damit war Johann angestellt. Sie hatten Erz und Felle aller Art zu entladen. Das dauerte eine ganze Weile. Dann ging es daran, Getreide in Säcken als Rückladung auf den Frachter zu schaffen.

Die Art wie Johann mit den Säcken umging, gefiel dem Vorarbeiter. Während andere Arbeiter ihre Schwierigkeiten hatten, die Säcke zu schultern, ging Johann damit um, als wäre es ein Kinderspiel. So ging es schon eine ganze Weile.

Endlich ließ sich auch jemand sehen, der offensichtlich über den Fortgang der Verladung informiert werden wollte und sprach den Vorarbeiter an.

„Wie es scheint, kommen wir ja gut voran!“

„Ich habe noch einen sechsten Packer angeheuert. Sehen sie einmal, wie der zupacken kann“, und wies dabei auf Johann.

„Ja, ein kräftiger Mann! Solche Kerle könnten wir gut gebrauchen. Wenn der will, kann er bei uns anheuern. Erkundige dich, ob er interessiert ist. Wenn ja, lass dir seinen Namen sagen und wo er zu erreichen ist."
„Das hab' ich schon gemacht, log der Vorarbeiter."
Johann hatte ja noch gar keine Bleibe, und wenn die Kaufleute Stralsund wieder verlassen, sitzt er auf der Straße.
In der Zeit während im Frachtraum einige Ladungen verzurrt werden müssten, rief der Vorarbeiter Johann zu sich.
„Ick häw di hier doch all öfters sehen. Hest du Lust, di hier för der schwedische Gesellschaft indrogen to loaten? De bruken öfters düchtige Lüd." (Ich hab' dich hier doch schon öfters gesehen. Hast du Lust, dich hier für die schwedische Gesellschaft eintragen zu lassen? Die brauchen öfters tüchtige Leute,)
Johann sah sich am Ziel all' seiner Wünsche und hätte laut jubeln können. Er tat gegenüber dem Vorarbeiter aber gelassen, als habe er es gar nicht so sehr nötig.
„Jo, wenn de Schweden mi bruken, kannst mi indrogen, denn wet ick wenigstens woran ick bün", (Ja, wenn die Schweden mich brauchen, kannst mich eintragen, dann weiß ich wenigstens woran ich bin.) antwortete Johann ohne seine Freude erkennen zu lassen.
„Dat kost över ne Runn, dat ick di vermittelt häw", (Das kostet aber 'ne Runde, dass ich dich vermittelt habe.) Johann wusste im Moment nicht, wie er reagieren sollte, weil er den Preis nicht kannte, der hier üblich war und wie es hergehen sollte.
„Wenn ick dat toalen kann, süss möt ick passen", (Wenn ich das bezahlen kann, sonst muss ich passen) antwortete Johann schließlich.
„Wi sünd fief Mann. Dat warst du doch woll bloasen könn?" (Wir sind fünf Mann, das wirst du doch wohl blasen können?)
„Un wo woanst du?" (Und wo wohnst du?)
„Ick wier hier bi de Kooplüd. De sünd nu över wierer treckt. Ick will hier bliem", (Ich war hier bei den Kaufleuten. Die sind nun aber weiter gezogen. Ich will hierbleiben.) antwortete Johann ausweichend.
„Denn mell di bi Mudder Schuldn, in dat Männerhus an de Marienkak und sech ehr du kümmst von mi. Denn klappt dat oak mit'n Strosack". (Dann melde dich bei Mutter Schuld in dem Männerhaus an der Marienkirche und sage ihr, du kämst von mir. Dann klappt das auch mit einem Strohsack.)
Johann war überglücklich.

„So kann das ruhig weiter gehen", sagte er sich. Jetzt hatte er nur noch das Problem zu klären, wie er seine Mutter und seine Maria verständigen könnte, dass er dort angekommen sei, wo es ihn hingezogen hat.
„Aber das wird sicher schwierig sein", gestand er sich ein. Er hatte die Überlegung, mithilfe der Kauflaute, die er als Freunde kennen gelernt hatte, eine Nachricht mitgeben zu können. Er wusste, dass sie die südliche Route über Neubrandenburg zurückfahren. Im Augenblick würde er es aber noch nicht für so klug halten, der Wache in Neubrandenburg seinen Aufenthaltsort zu verraten. Er wollte erst Gras über die Geschichte wachsen lassen.
Wochen waren vergangen. Die katholischen kaiserlichen Truppen hatten, die protestantischen Dänen aus Mecklenburg vertrieben. Und kurze Zeit darauf hatten die Kaiserlichen, unter der Führung von Oberst Hans Georg von Arnim, auch Pommern besetzt. Dazu gehörten Barth, Greifwald und die Insel Rügen, die die Kaiserlichen ohne nennenswerten Widerstand eingenommen hatten.
Damit befand sich Stralsund in der Zange und in einer denkbar ungünstigen strategischen Lage. Bisher war Stralsund immer von einer kriegerischen Auseinandersetzung und Bedrohung verschont geblieben. Das änderte sich jetzt allerdings schlagartig.
Eines Abends hörte Johann auf dem Heimweg den Ausrufer die Meldung verbreiten, dass dringend Arbeitskräfte für die Wiedererrichtung der Befestigungseinrichtungen und Söldner für die Verteidigung der Stadt gebraucht würden.
Johanns erste Überlegung war, dass es vielleicht auch für ihn eine günstige Möglichkeit sei, sich einzubringen, um sich als Stralsunder Bürger auszuweisen.
Schon am nächsten Morgen meldete er sich im Büro der schwedischen Gesellschaft, um sich zu erkundigen, ob es wohl gewünscht sei, sich dafür zur Verfügung zu stellen. Um seine Einsatzfähigkeit hervorzuheben, hatte er darauf verwiesen, im vergangenen Jahr die Belagerung Neubrandenburgs durch General Wallenstein bereits überstanden und entsprechende Erfahrungen gesammelt zu haben, die ja auch jetzt nützlich sein könnten.
„Es kann bestimmt nicht schaden, dass ich mich ein wenig in Erinnerung bringe und damit etwas für mein Weiterkommen tue. So wie die Dinge um mich liegen, in Neubrandenburg gesucht zu werden und in anderen

deutschen Regionen keinen Zugang zu haben, könnte ich ja versuchen, vielleicht schwedischer Bürger zu werden", sagte er sich.

Sein Chef, der schwedische Handelsvertreter schätzte das sehr, dass sich Johann für die Verteidigung Stralsunds einsetzen würde. Dabei fügte er hinzu, dass es durchaus auch in schwedischem Interesse sei und er seine Einsatzbereitschaft auch im Rahmen der eigenen schwedischen Gesellschaft ableisten könne.

Johann war begeistert. Ihm konnte gar nichts Besseres passieren, als die Gegebenheiten zu nutzen, sich voll in schwedische Dienste zu stellen. Außerdem hatte er bereits einen guten Stand in der Handelsgesellschaft. Er war fest entschlossen, diese Voraussetzungen für sein eigenes Weiterkommen zu nutzen. Dabei dachte er vor allem auch an seine Maria, sich mit ihr hier in Stralsund eine gemeinsame Zukunft zu schaffen.

Die sich jetzt für ihn bietenden Möglichkeiten erfüllten ihn mit einer Begeisterung, die ihn in jeder freien Minute voll in Anspruch nahmen. Es verging kein Tag, an dem er für sich und seine Maria keine Pläne für ihre gemeinsame Zukunft schmiedete oder bereits Vorkehrungen traf. Das Erlernen der schwedischen Sprache nahm dabei eine ganz vorrangige Rolle ein. Er widmete sich dieser Aufgabe mit einem Eifer und einer Begeisterung, die er bisher selbst nicht von sich kannte. Sie erschien ihm von ganz entscheidender Bedeutung für das Gestalten oder den Verderb seiner Zukunft. Johann nutzte jede Gelegenheit, Vokabeln zu pauken, notierte sie auf Zetteln aller Größen und Formen mit einer Systematik, die nur Johannes kannte. Auch seine Arbeitskollegen in der Handelsgesellschaft mussten sich immer wieder gefallen lassen, dass er sie einbezog und forderte. Das eifrige Bemühen von Johannes, die schwedische Sprache zu erlernen stimmte die schwedischen Mitarbeiter zu einer Hilfsbereitschaft, die sie offensichtlich gerne ableisteten.

Sigrid, eine schwedische Angestellte und Tochter eines schwedischen Teilhabers, nutzte ihrerseits ihren Aufenthalt in Stralsund um, neben dem Geschäftsbetrieb, auch die deutsche Sprache und ausländische Geflogenheiten zu erlernen. Es war aber nicht zu übersehen, dass sie auch Interessen anderer Art hatte, was Johann nicht entgangen war. Man sah beide zunehmend häufiger zusammen. Auffällig war, dass Sigrid sich sehr bemühte, Johannes in jeder Beziehung behilflich zu sein. Eine vielseitige Basis bot sich allein dadurch, dass Sigrid deutsch und Johannes schwedisch lernen wollten. Auch bei Botengängen, die Johann häufiger zu erledigen hatte, schloss sie sich gelegentlich an und fand immer wieder Anlässe, sich ihm zu nähern.

In Stralsund wurde Anfang 1628 in aller Eile die Wiedererrichtung der stark erneuerungsbedürftigen Befestigungsanlage vorgenommen. Das Leben in der Stadt wurde immer unruhiger. Ohne, dass Johann etwas dazu getan hatte, galt er unter den Beschäftigten der Gesellschaft als ein „Erfahrener“, der immerhin ja bereits eine Belagerung durch die Truppen Wallensteins in Neubrandenburg überstanden hatte. Er genoss dies Ansehen, vermied es aber immer, in Einzelheiten seiner Erlebnisse verwickelt zu werden, die er ja eigentlich kaum aufzubieten hatte. Er beschränkte sich vor allem auf allgemeine Erklärungen. Dazu gehörte, dass Wallensteins Truppen weniger brutal vorgehen würden als andere Kaiserliche und vor allem dazu neigten, Geschäfte zu machen. Das würde sogar so weit gehen, dass sich ganze Regionen, Städte und auch einzelne Personen gewissermaßen freikaufen konnten. Das war auch für die Bürger der Stadt Stralsund eine bedeutende Erkenntnis, die zur allgemeinen Beruhigung beitrug.

Nachdem es die Ratsherren in Stralsund abgelehnt hatten, eine Garnison Wallensteins der kaiserlichen Truppen unterzubringen, erfolgte Mitte Mai 1628 die Belagerung der Stadt. Alle Zufahrten zur Stadt wurden gesperrt. Nur der Zugang von der Ostsee her über den Hafen blieb frei. Das war sicherlich kein Ausdruck der Großmütigkeit, sondern eher des Unvermögens auch den Seezugang zur Stadt unter Kontrolle halten zu können. In vorausgegangenen Geheimverhandlungen des Stadtrates von Stralsund mit Vertretern Dänemarks und Schwedens waren Vereinbarungen getroffen worden, Truppen dieser Staaten in Stralsund zu stationieren.

Die Führung der Kaiserlichen, die mit 8000 Mann vor der Stadt lagerten, mussten hilflos mit ansehen und hinnehmen, wie nach und nach über den Seezugang bis 4.700 dänische und schwedische Soldaten in der Stadt Stellung bezogen. Eine solche Stationierung war allerdings nicht allein auf die Hilfeanforderung der Stralsunder zurückzuführen, sondern auch auf die Forderung der Schweden, die zuvor getroffenen Abmachungen und die bedingungslose Bindung an den König Gustav Adolf von Schweden einzuhalten. Damit begann die so genannte „Schwedenzeit“ für Stralsund und für den gesamten vorpommerschen Raum.

Die Truppenführung Wallensteins hatte immer wieder hartnäckig versucht, die Stadt mit militärischer Gewalt zu erobern. Das hatte unter der Bevölkerung wachsende Unsicherheit ausgelöst. Hinzu kam, dass in der Stadt verstärkt Meinungen gestreut wurden, dass Wallenstein die Belagerung niemals aufgeben würde, weil er das nachdrücklich verkündet hatte.

Tatsache war aber, dass die Belagerung der Städte in den nördlichen Regionen bereits 12.000 Söldnern Wallensteins das Leben gekostet und zu einer extremen Schwächung der Schlagkraft seines Heeres geführt hatte. Unter den zwischenzeitlich entstandenen Bedingungen in Stralsund und vor allem durch die gewachsene Stärke der Streitmacht der protestantischen Seite sah sich Wallenstein dann aber außerstande, die Belagerung der Stadt fortzusetzen. Nach und nach zog er seine Truppen zurück, so dass die Belagerung Stralsunds bereits im Juli 1628 beendet war.
Die Stralsunder jubelten. Unbändige Freude herrschte in der Stadt. Mit Glockenläuten begleiteten sie den Abzug der kaiserlichen Truppen und Trompeter bliesen ihnen vom Kirchturm der Stadt ein Spottlied hinterher.
Schwedische und dänische Truppenteile setzten den abziehenden kaiserlichen Truppen nach. Schon nach relativ kurzer Zeit gelang es den Protestanten, die Kaiserlichen aus pommerschen und mecklenburgischen Regionen zu vertreiben. Die Bevölkerung in Stralsund und anderen nordischen Städten feierten und bejubelten die protestantischen Glaubensbrüder aus Dänemark und Schweden als ihre Befreier.
Johann war mittendrin in dem Trubel. Er hatte in der Zwischenzeit seinen Platz in der Stadt gefunden. Immer häufiger wurde er dazu gerufen, wenn es darum ging, zwischen schwedischen und deutschen Partnern zu vermitteln und zu übersetzen. Die in Stralsund entstandene „Schwedenzeit" bot ihm in der Hinsicht auch für seine Zukunft eine feste Bindung.
Johann hatte sich diesen neuen Berufungen und vielschichtigen Anforderungen voll gewidmet. Mit den anbrechenden Abenden wandelte sich sein Interessen- und Beschäftigungsfeld jedoch extrem. Er spürte den Wandel an jedem hereinbrechenden Abend, der ihm seine Einsamkeit besonders deutlich machte. Mit seinen Gedanken war er dann immer wieder in seiner Heimat und vor allem bei seiner Maria, die er sich her wünschte.
Einen Hauch dieser Sehnsucht empfand er immer dann und dort, wenn er mit Leuten zusammenkam, die aus der Näher seiner Heimat kamen. Das erlebte er immer, wenn Kaufmanntrecks aus südlicheren Regionen in der Nähe des Hafens eintrafen, um dort neue Handelsware zu kaufen und zu laden. Aber auch ohne diese Begegnungen bot ihm der Hafen, mit seiner Geschäftigkeit und seinem besonderen Flair, immer wieder eine reizvolle, besondere Atmosphäre. Hier empfand er stets eine gewisse Ablenkung und Entspannung. Sie in den vielen Kneipen zu suchen, wie viele seiner Freunde, entsprach nicht

seinem Interesse. Seine Hoffnung und sein Interesse waren darauf gerichtet, hier Händler anzutreffen, die für ihre Rückfahrt die Route über Neubrandenburg wählen würden, was zu diesen unruhigen Zeiten allerdings kaum der Fall war. Er wollte das einfach nicht hinnehmen und erwartete Abend für Abend, dass sich seinen Hoffnungen erfüllen würden. Für diesen Fall wollte er versuchen, einen Händler zu gewinnen, der einen Gruß und eine Nachricht für seine Mutter und seine Maria mitnehmen würde. Zu diesem Zweck hatte er eine Orientierungsskizze von Neubrandenburg angefertigt, die er immer bei sich trug. Anhand dieser Skizze hätte selbst ein schreib- oder leseunkundiger Händler, vom Neubrandenburger Marktplatz aus, das Haus seiner Mutter gefunden. Auf der Rückseite dieser Skizze hatte er neben dem Gruß mitgeteilt, dass es ihm gut gehe und die Hoffnung hätte, dass man sich bald einmal wiedersehen würde.
Abend für Abend verließ er dann unverrichteter Dinge enttäuscht diesen Ort, aber mit dem festen Willen, es immer wieder zu versuchen und nicht aufzugeben. Irgendeine Eingebung hatte ihn glauben lassen, dass sein Vorhaben und seine Hoffnung eines Tages gerade hier in Erfüllung gehen würden.

3. Marias Probleme

Die Stadtverwaltung hatte sich damals nach Johanns Flucht bei seiner Mutter nach dem Aufenthaltsort ihres Sohnes erkundigt, aber keine befriedigende Auskunft erhalten. Seine Mutter tat überrascht und bestritt den Aufenthaltsort zu kennen.

„Er wollte schon immer in die Welt hinaus. Wahrscheinlich hat er das jetzt wahr gemacht. Er wird sich schon wieder melden. Worum geht es denn", wollte sie wissen.

„Da liegt eine Anzeige gegen ihn vor. Mehr wissen wir auch nicht. Wenn er wieder erscheint, soll er sich auf der Wache melden", hatte man gesagt und sich wieder verabschiedet.

Johanns Mutter hatte diese Begebenheit auch Maria geschildert. Beide wussten jetzt, dass unbedingt verhindert werden musste, dass jemand den Aufenthaltsort von Johannes erfährt, weil sie nicht sicher waren, ob man ihn dort suchen und ergreifen würde. Sie wussten aber auch, dass sie Johann nicht gefasst hatten und waren froh darüber.

Johanns Flucht lag aber bereits Monate zurück. Maria hatte immer gehofft, auf irgendeinem Weg eine Nachricht über seinen Aufenthaltsort zu erhalten, um zu ihm zu fahren. Sie hätte versucht, zu ihm zu gelangen und wenn es am anderen Ende der Welt gewesen und gefährlich gewesen wäre. Daher war sie enttäuscht und wusste nicht, woran sie war.

Eines Morgens erkundigte sich Marias Vater bei ihr:

„Nah Marie, dien Fründ is woll uträten? Wo is he denn avbläm? (Nah Marie, dein Freund ist wohl ausgerissen? Wo ist er denn abgeblieben?) Weil er ahnte, keine vernünftige Antwort zu erhalten, war er weitergegangen. Maria sah ihrem Vater nach und schwieg. Sie hielt es einfach nicht für nötig so im Vorbeigehen zu antworten.

Maria wartete seit Tagen auf ein Anzeichen in ihrem Körper, auf das junge Frauen regelmäßig achten. Sie versuchte, es wahrzunehmen, was sie doch so gern gespürt hätte. Sie zählte die Tage und freute sich über jeden Tag, der verflossen war. Erst nach einiger Zeit war sie sich sicher. Sie war schwanger.

Maria hätte jubeln und es hinausschreien können. Sie spürte ihren Johann ganz nah bei sich.

Ihren Freudenausdruck musste sie jedoch unterdrücken, da sie nicht sicher war, wie ihr Vater reagieren würde. Sie entschloss sich, es nur ihrer Mutter

anzuvertrauen und Beistand bei ihr zu suchen. Wie nicht anders zu erwarten war, reagierte die Mutter erschrocken aber zugleich auch verständnisvoll.
„Ick häw mi sowat dacht. Över du wetst doch, wat Vadder dor to seng ward, Marie“, (Ich habe mir so etwas gedacht. Aber du weißt doch, was Vater dazu sagen wird, Marie?) war ihre erste Reaktion. Ihre Mutter wusste aus den Gesprächen mit ihrer Tochter, dass Johann sich sehr wahrscheinlich in absehbarer Zeit hier nicht wieder sehen lassen durfte.
Daher fügte sie nach einer Weile hinzu:
„Wenn sig Johann in de nächste Tid hier nich sehen laten darf, denn blifft nix wierer över as up Vaddern to hürn, un Willem to friegen.“ (Wenn sich Johann in der nächsten Zeit hier nicht sehen lassen darf, dann bleibt nichts weiter übrig als auf Vater zu hören und Willhelm zu heiraten.)
Zur Überraschung ihrer Mutter verhielt sich Maria eher bereitwillig und erklärte, dass sie darüber bereits mit Willhelm gesprochen habe. Sie hätten sich dahingehend verständigt, eine so genannte Scheinehe einzugehen. Dabei hatte sie betont, dass Willhelm keine Ansprüche stellen, sondern sich freuen würde, mit ihr zusammenleben zu können.
„Um Himmelswillen, Marie, ihr könnt doch nicht vor Gott in der Kirche erklären, eine Ehe führen zu wollen und euch gegenseitig Treue zu schwören, was gar nicht stimmt.“ Die Mutter war entsetzt.
„Warum nicht. Treue zu schwören, heißt doch nicht auch miteinander ins Bett zu gehen.“
Die Mutter sah ihre Tochter groß an, überlegte einen Augenblick und sah dann doch wohl ein, dass sie dem zustimmen müsse. Dennoch war sie völlig verwirrt.
„Un Willem hät oak nix dorgegen? Un wet he denn oak wat von dat Kind?“ (Und Willhelm hat auch nichts dagegen? Und weiß er denn auch was von dem Kind?) wollte sie wissen.
Die Mutter schüttelte den Kopf, zeigte sich aber doch einsichtig, wenngleich die Zweifel blieben.
„Un wenn he doch ees wat von die will?“ (Und wenn er doch einmal was von die will) erkundigte sie sich in ihren Zweifeln. Maria legte den Kopf schief und zog die Schulter an, was soviel heißen sollte wie:
„Und denn?“
Die Mutter schüttelte wieder heftig den Kopf und konnte die jungen Leute nicht verstehen.

Zu ihrer Beschwichtigung fügte Maria dann aber hinzu:
„Willem het secht, dat wür he nich bruken. He wür sich liekers freun, wenn he mit mi tosamm sin künn." (Willhelm hat gesagt, dass er das nicht brauchen würde. Er würde sich trotzdem freuen, wenn er mit mir zusammen sein könnte.)
Die Mutter gab sich schließlich zufrieden, weil sie einfach keine andere, keine bessere Lösung kannte. Beide Frauen hatten vereinbart, dass die Mutter den Vater gewissermaßen vorbereitet und diese Lösung vorschlägt, die ja den Interessen des Vaters eigentlich nicht entgegenstehen dürfte.
Noch am gleichen Abend setzte sich die Familie zusammen. Zur Überraschung Marias schien der Vater ruhig und gelassen. Zunächst erkundigte er sich aber, ob Maria Näheres über den Aufenthalt von Johann erfahren habe.
„Ich weiß nur, dass Johann die Stadt verlassen hat. Wohin er gehen wollte und wo er sich jetzt aufhält, weiß ich auch nicht. Wir haben keinerlei Verabredung getroffen. Das kam alles viel zu überraschend."
„Wenn er hier wieder auftauchen sollte, hättet ihr ohnehin keine Chance zusammenzuleben. Er hätte für den Einbruch und die schwere Körperverletzung etliche Jahre im Gefängnis sitzen müssen. Das wäre doch sicher auch kein Leben für dich. Was ich dir vorgeschlagen habe, ist für dich die beste Lösung. Wilhelm macht sowieso das, was ihm gesagt wird. Du übernimmst die Haus- und Viehwirtschaft. Und wer das Sagen hat, bist du. Was die Wirtschaft betrifft, spreche ich mit Wilhelms Vater ab. Wir sind uns da schon so gut wie einig. Beide Höfe zusammen werden dann eines Tages unser Familienbesitz sein, der uns eine gute Zukunft sichert.
Und was das Kind betrifft, das du nun aber schon mitbringst, macht uns die ganze Sache allerdings etwas eilig. Daher muss die Hochzeit so schnell wie möglich geschehen. Wir sollten es aber in aller Stille machen. Ihr geht beide die nächsten Tage zum Pastor und meldet euch an und klärt, wann die Hochzeit sein kann. Wir werden dann in der Familie feiern und die Sache ist erledigt."
Die Mutter saß an der Seite ihres Mannes. Ihr war anzusehen, dass sie froh war, dass der Vater ganz in ihrem Sinne reagiert hatte. Was aus der ganzen Geschichte werden würde, war ja ohnehin nicht vorauszusehen. Sie war sich aber sicher, dass ihre Tochter die erste Gelegenheit nutzen würde, ihrem Johann zu folgen. Wahrscheinlich hätte ich an ihrer Stelle auch so gehandelt, gestand sie sich ein. Ihre einzigen Bedenken waren, dass die vorgesehene Ehe eigentlich eine Gotteslästerung ist. Das plagte und beunruhigte sie mehr als alle anderen Probleme.

Auch Maria war mit dem bisherigen Ausgang und der Reaktion ihres Vaters zufrieden. Sie war bereit, alles zu tun, was der Vater ihr vorgegeben hatte. Unter den gegenwärtigen Bedingungen hätte es keinen Sinn, anders zu handeln. Sie wusste aber auch, dass sie ihrem Johann folgen würde, sobald der ein Lebenszeichen von sich geben und sich eine Möglichkeit bieten würde, zu ihm zu ziehen. Immer wieder hatte sie gehofft, Nachricht von ihm zu erhalten, wo sie ihn finden könnte. Sie wäre ihm sofort gefolgt. Jetzt gab es aber keine andere Möglichkeit, als abzuwarten und sich der Auflage des Vaters zu beugen.

❧

Die Dinge nahmen ihren Lauf wie ihr Vater sie vorgegeben hatte. Maria hatte sich zusammen mit Wilhelm, ihrem künftigen Ehemann, beim Pastor einen Termin für die Trauung geben und die Dinge über sich ergehen lassen. Die Trauung erfolgte in aller Stille und die Feierlichkeit im kleinsten Familienkreis.

Maria war fortan in einer bedrückenden Stimmung. Sie machte sich Vorwürfe, dass sie den Forderungen ihres Vaters so bedingungslos folgen musste. Bis zur letzten Stunde ihrer Hochzeit hatte sie darauf gehofft, ein Lebenszeichen von ihrem Johann zu bekommen. Sie wäre sofort aufgebrochen, um zu ihm zu gehen. Unter den gegebenen Umständen sah sie aber für sich keine andere Lösung. Sie fühlte sich einsam und war ständig voller Zweifel.

Der Einzige, der Stolz und Zufriedenheit empfand, eine so schöne Frau an seiner Seite zu haben, war Wilhelm. Überall dort, wo es ihm angebracht schien, verkündete er es stolz.

Ein Ort, wo er sich sogar feiern lassen konnte, war die Kneipe. In einer Tischrunde, zu der er sich gelegentlich gesellte, verkündete er es stolz. Niemand hatte ihn dazu veranlasst oder danach gefragt. Er musste es einfach loswerden. Am Tisch sah einer den anderen an und schmunzelte ungläubig. Wilhelm hatte schon häufiger Dinge erzählt, die er mächtig übertrieben hatte, um sich damit hervorzutun. Er galt in der Runde zwar wegen seiner Gutmütigkeit als ein gern gesehener, aber wegen seiner geistigen Defizite nicht immer geschätzter Gesprächspartner. Die Tischrunde sah es auch in diesem Falle für eine Art Aufschneiderei. Sie bedauerten ihn, weil sie glaubten, dass sich wieder einmal jemand einen Spaß mit ihm gemacht hatte. Aber jemand aus der Runde wusste es in diesem Falle besser.

„Ne, dat stimmt, de hemm beid ierlig friegt.“ (Nein das stimmt. Die haben beide ehrlich geheiratet.)
Wieder herrschte allgemeines Zweifeln. Das schien allen absolut unmöglich. Sie konnten es sich einfach nicht vorstellen.
„Dor het doch de oll Ackermann wedder an dreicht und een Geschäft ut moakt“, (Da hat doch der alte Ackerman wieder daran gedreht und ein Geschäft draus gemacht.) wusste jemand zu ergänzen. Unter diesen Umständen gewann doch allmählich die Glaubwürdigkeit dieser Geschichte die Oberhand.
„Jo, wenn dat so is, denn kost dat över ne Dischrun, Willem!“ (Ja, wenn das so ist, dann kostet das aber ’ne Tischrunde, Wilhelm.) rief einer in die Runde und fand sofort allgemeine Zustimmung.
Wilhelm folgte dieser Aufforderung gerne. Er war darauf vorbereitet und sah darin so etwas wie eine Würdigung und Anerkennung.
Auf diesem Wege sprach sich diese Tatsache, dass beide geheiratet hatten, im Ort schneller herum.
Da es an dem Abend verständlicherweise nicht bei einer Runde geblieben war, kam Wilhelm in heller Begeisterung und angeheitert nach Hause. Er strahlte übers ganze Gesicht und verkündete glücklich, dass er seinen Freunden eine Tischrunde spendiert hätte. Maria hatte volles Verständnis, nahm Wilhelm am Kopf und küsste ihn auf die Wange. Wilhelm strahlte und war überglücklich. Andere Erwartungen hatte er nicht von seiner Ehe. Maria hatte sich in ihre neu übernommene Rolle gut eingearbeitet und fand langsam gefallen daran. Immerhin hatte sie damit eine gewisse Verantwortung übernommen und konnte über einen großen Bereich entscheiden.

Nach einigen Wochen hatte sie wieder einmal Johanns Mutter, Katherina, aufgesucht. Maria hatte sich darauf eingestellt, freudig begrüßt und aufgenommen zu werden. Katherina zeigte allerdings keinerlei Überraschung und freudige Stimmung. Nüchtern und eher unwillig, ließ sie Maria eintreten und bemerkte beiläufig: „Ach du bist das.“
Sie reichte Maria die Hand, wandte sich wieder ab und verschwand vor ihr wieder in der Küche.
Maria war völlig überrascht. Eine solch’ kühle Begrüßung hatte sie nicht erwartet. Katherina hatte sie immer überschwänglich freundlich begrüßt, sie

in die Arme genommen und gedrückt. Maria ahnte sofort, dass diese kühle Begrüßung nur mit ihrer Hochzeit zusammenhängen könne. Sie hatte zwar zuvor wiederholt mit Katherina darüber gesprochen, dass ihr Vater das von ihr verlange, allerdings immer offengelassen, ob sie diesen Forderungen folgen würde oder nicht.

Vor allem hatte sie aber immer hinzugefügt, dass es nur eine pro forma Hochzeit sein würde, die keinerlei ernst zu nehmende Bedeutung haben würde. Beide Frauen saßen sich gegenüber und schwiegen. Maria wagte nicht ihre Überraschung wegen der kühlen Begrüßung anzusprechen und Katherina schien zu überlegen, mit welchem Nachdruck sie ihre Enttäuschung über Marias erfolgte Heirat ausdrücken sollte. Katherina wog den Kopf hin und her, um ihre Enttäuschung auszudrücken, sah Maria mit vorwurfsvollem Blick an und warf ihr vor:

„Maria ich habe in dir immer meine künftige Schwiegertochter gesehen und mich so sehr auf diesen Tag gefreut, wie du es dir nicht vorstellen kannst. Warum hast du das bloß gemacht und nicht auf Johann gewartet? Ich hab' schon so viel Tränen vergossen, weil mein Sohn mich verlassen musste und du mich jetzt auch alleine lässt!"

Das hatte Maria sehr getroffen, aber auch gerührt, dass es ihr die Sprache verschlug. Um Katherina ihr Mitgefühl und ihre Nähe auszudrücken hatte sie versucht, ihre Hand zu erfassen. Doch sie entzog sie ihr. Sie wollte eine Antwort und nicht nur Mitgefühl oder eine banale Erklärung für etwas, was nicht zu erklären war.

„Du weißt doch, dass mein Vater es von mir verlangt hat. Er hätte mich rausgeworfen, weil damit auch seine Absicht, durch die Heirat den Hof zu vergrößern, zunichte gemacht worden wäre. Er hätte mir das Lebens zur Hölle gemacht, wenn ..."

Katherina unterbrach sie barsch:

„Du hättest doch zu mir kommen können. Du weißt doch, dass mich das mehr gefreut hätte als alles andere auf der Welt. Ich kann dir gar nicht sagen, wie sehr ich es mir gewünscht habe. Wir hätten beide auf Johann gewartet und uns das Leben dadurch erträglicher gemacht. Das hätte ich nie von dir gedacht."

Sie vergrub ihr Gesicht in beiden Händen und schüttelte immer wieder den Kopf.

Maria war erschüttert.

„Du weißt doch, dass ich auf Johann warte und dass ich mit Wilhelm nur in Freundschaft zusammenlebe und kein Eheleben führe. Wilhelm hat volles Verständnis für meine Lage und erwartet nichts anders von mir."
Katherina gab zu verstehen, dass sie eine solche Erklärung nicht gelten ließ
„Ihr habt Euch doch vor Gott geschworen zusammenbleiben zu wollen und nicht erklärt, dass ihr ihn betrügen wollt", erwiderte sie.
Maria konnte die Tränen nicht zurückhalten und machte sich jetzt die schlimmsten Vorwürfe, so unbedacht gehandelt zu haben. Zugleich fühlte sie sich aber auch in ihrer Ehre und in ihrem Stolz verletzt, dass Katherina so gar kein Argument gelten ließ und so hart urteilte.
„Wie konnte sie bloß annehmen, dass ich Johann verlassen würde und mir einfach nicht glaubt, dass ich Johann liebe und nur auf ihn warte", fragte sie sich. Jetzt erst erkannte sie, dass Katherina die Hochzeit mit Wilhelm, für echt und wahr hält. Und was das Schlimmste ist, sie betrachtet sie auch als Trennung von ihrem Sohn, Johann. Jede andere Beteuerung hatte Katherina einfach nicht gelten lassen und nur als billige Ausrede abgetan. Sie rang mit sich, ob sie es nicht doch noch einmal versuchen sollte, sich zu erklären.
Dann sagte sie sich aber, dass doch schon alles oft genug gesagt sei und warf Katherina vor, so uneinsichtig zu sein und ihr so absurde Vorwürfe zu machen.
Dieser sich plötzlich bei Maria einstellende Trotz veranlasste sie, sich zu erheben und anzudeuten, gehen zu wollen. Sie hätte es aber gerne gesehen, ja, sich so sehr gewünscht, dass Katherina sie am Fortgehen hindert.
Maria reichte ihr wortlos die Hand, hoffte aber immer noch, dass Katherina sie zurückhalten würde. Aber nichts geschah.
Sie nahm wortlos Marias Hand. Nach einem Augenblick fügte sie dann aber hinzu:
„Ich wünsche Dir alles Gute, Maria!"
Wieder verspürte Maria den Wunsch, doch noch irgendeine Freundlichkeit zu erwidern, die Katherina veranlassen könnte sie zurückzuhalten.
Sie unterließ es dann aber, weil sie einen auffälligen Blick Katherinas auf ihre schon deutlich gewordenen Rundungen mitbekommen hatte. Aber auch dazu blieb jede Bemerkung aus. Maria ging völlig verheult davon.
Dann drehte sie sich aber doch noch einmal um und bat Katherina:
„Gibst du mir bitte Bescheid, wenn du von Johann ein Lebenszeichen erhalten hast?"

„Ja", erwiderte Katherina und beließ es bei dieser einsilbigen und eher abweisenden Antwort.

Maria war in völliger Verzweiflung. Sie hatte immer damit gerechnet, dass sie in Katherina eine zuverlässige Freundin und vor allem in ihr auch den notwendigen Beistand finden würde, den sie so nötig gehabt hätte. Jetzt erst erkannte sie, dass die älteren Leute eine Hochzeit, die vor Gott geschlossen wird, nicht etwa nur als eine Vereinbarung betrachten, die man jederzeit beenden könnte. Sie ließen in dieser Hinsicht überhaupt nicht mit sich reden.

Die letzte Antwort von Katherina ließ trotz des abweisenden Tones doch etwas hoffen, redete sich Maria ein.

Sie war sich absolut sicher, dass Johann sie verstehen und zu ihr halten würde. Das bezog sie auch auf das Kind, das sie erwartete und konnte sich überhaupt nicht vorstellen, dass Johann seine Vaterschaft bezweifeln würde. Sie war sich sicher, dass der Zeitpunkt der Geburt des Kindes alle Zweifel ausräumen würde.

❧

Die Zeit ging dahin, und noch immer gab es kein Lebenszeichen von Johann. Maria war schon vor Monaten von einem Jungen entbunden worden, den sie auf den Namen Hanning taufen lassen hatte. Er hatte sich prächtig entwickelt. Das er gemessen an dem Zeitpunkt der Hochzeit viel zu früh gekommen war, führte im näheren Bekanntenkreis zu Gerede und Gerüchten. Maria störte das nicht. Im Gegenteil! Sie freute sich, dass alle Welt wusste, dass sie zu dem Zeitpunkt noch mit Johann zusammen war und das schließlich auch Katherina zu dieser Überlegung kommen müsse.

Auch Wilhelm nahm das Gerede in der Stadt hin, als hätte das alles keinerlei Bedeutung. Auch wenn man ihn in seinem Freundeskreis gefoppt hat, schmunzelte er nur und empfand den leisen Spott überhaupt nicht als anstößig. Er war einfach stolz, jetzt in der Öffentlichkeit auch als Vater zu gelten. Alles andere berührte, ja erreichte ihn nicht einmal.

Ganz anders nahm es Katherina wahr. Als sie von der Entbindung erfahren hatte waren ihre ersten Überlegungen, wie es denn mit der Zeit zu erklären sei. Sie wünschte sich schon seit Monaten eine Gelegenheit, endlich einmal mit Maria sprechen zu können. Aber Maria hatte sich schon seit Monaten nicht sehen lassen und hielt es nach der Auseinandersetzung nicht für angebracht,

in der Sache nachzugeben und Interesse zu zeigen. Dann endlich bot sich vor einigen Wochen für Katherina die Gelegenheit, sich mit Marias Mutter auszutauschen. Beide waren sich zufällig auf dem Markt begegnet. Sie begrüßten sich mit den üblichen Begrüßungsfloskeln und als gute Bekannte sprachen sie plattdeutsch miteinander.
„Ick häw hürt, dat du nu oak Großmudder woarn büst. Ick har mi denn Lütten giern ees ankäken. Över Maria lött sich jo nich mier bi mi seihen. Ick häw se woll to dull agert wägen ehr Hochtiet. Ick har Maria joa giern as Schwiegerdochta hat." (Ich habe gehört, dass du nun auch Großmutter geworden bist. Ich hätte mir den Kleinen auch gern einmal angesehen. Aber Maria lässt sich ja nicht mehr bei mir sehen. Ich habe sie wohl zu sehr geärgert wegen ihrer Hochzeit. Ich hätte Maria auch gerne als Schwiegertochter gehabt.)
„Joa, du wettst doch. Mien Oll ha' sik dor wat inn Kopp sett. Unn wenn Maria nich folgt wier, ha he ehr de Höll moakt." (Ja, du weißt doch. Mein Alter hatte sich da was in den Kopf gesetzt. Wenn Maria nicht gefolgt wäre, hätte er ihr die Hölle gemacht.)
Katherina bedauerte dann, dass sie Maria Vorwürfe gemacht hatte und meinte, doch wohl etwas falsch gemacht zu haben. Sie würde das gerne wieder zurücknehmen. Marias Mutter hatte dafür Verständnis gezeigt und es damit begründet, dass es nach Marias Willen doch nur eine Art „Freundschaftsehe" sein sollte.
Katherina nahm das hin und bemerkte:
„Joa, aver nu is je oak dat Kind dor!?" (Ja, aber nun ist ja auch das Kind da!?)
Es sollte beiläufig klingen und war doch das eigentliche Problem, das Katherina beantwortet haben wollte.
„Joa, Katrin, doröver räden wi beid lever nich." (Ja, Katherina darüber reden wir beide lieber nicht.) Sie schmunzelte, legte den Kopf zur Seite und zog die Schultern an. Es sollte andeuten, dass es dazu viel mehr zu sagen gäbe, und ergänzte dann:
„Doröver räden de annern genoch weil dat mit de Tid överhaupt nich hennkümmt. Un Marie secht oak nix." (Darüber reden die andern schon genug, weil das mit der Zeit überhaupt nicht hinkommt. Und Marie sagt auch nichts.)
Beide Frauen trennten sich dann wieder. Sie hatten sich eigentlich nichts Neues gesagt aber doch Anstöße zu Überlegungen gegeben, denen Handlungen folgten.
Katherina war froh, endlich wieder Kontakt zu der Familie gehabt und einige Dinge angestoßen und klargestellt zu haben. Sie hoffte so sehr, endlich zu erfahren, ob Marias Sohn nicht doch auch ihr Enkelsohn ist.

Sie hatte selbst eine Wahrsagerin befragt, die im Stadttratsch sehr bewandert war. Daher hatte sie auch in der Darlegung zu verstehen gegeben, dass sie „Familienzuwachs“ erhalten hätte, was allerdings noch nicht so sicher sei, da die Karten ausdrücken, dass auch die Zweifel-Karte zu dicht an der Aussage läge. Katherina wusste das sofort zu deuten und wartete nun seit Monaten auf die Bestätigung, die sie hoffte, beim nächsten Besuch Marias zu erhalten.
Marias Mutter hatte noch am gleichen Abend ihre Tochter über das Gespräch mit Katherina informiert. Da sie seit langem ahnte, dass Maria auf einen Anlass wartet, Katherina ihren Sohn vorzustellen, hatte sie gerade diese Seite betont und begründet, dass Katherina großen Wert auf ihren Besuch legen würde.
„Ihr geht es vor allem wohl darum, zu erfahren, ob Johann ihr Enkelsohn ist oder nicht“, hatte sie das Gespräch zusammengefasst.
„Katherina hat mir damals sehr Weh’ getan, womit ich lange Zeit nicht fertig geworden war. Inzwischen habe ich aber verstanden, dass sie so gern gesehen hätte, wenn ich mich mit ihr zusammengetan hätte. Ich werde Hanning mitnehmen, wenn ich sie besuche. Der ist seinem Vater wie aus dem Gesicht geschnitten. Katherina wird einen Schreck bekommen. Ich freue mich schon drauf.“
„Du darfst es ihr nicht bestätigen, Maria, Dann ist es rum in der Stadt und macht deinen Vater zum Gespött“, erwiderte ihre Mutter.
„Ich mache das schon!“ entgegnete Maria.

Schon nach wenigen Tagen machte sich Maria mit ihrem Sohn auf den Weg, um Katherina zu besuchen. Sie wurden beide freudig begrüßt. Dennoch aber nicht mit der Überschwänglichkeit wie es früher immer üblich war.
Katherina sah den Kleinen an und richtete dann den Blick fragend auf Maria. Sie schwieg, und tat, als hätte sie die stumme Frage nicht verstanden.
Katherina nahm den Jungen auf den Arm tänzelte mit ihm und erkundigte sich.
„Weißt du denn schon wie du heißt?“
„Hanning“, antwortete der Kleine klar und deutlich.
„Hanning?“ fragte Katherina und richtete den Blick wieder fragend auf Maria.

Da sie wieder keine Antwort erhielt, wurde sie deutlicher. Dem Kleinen zugewandt sagte sie:
„Du siehst so hübsch aus wie mein Johann, als der so klein war wie du."
Der Kleine wusste mit der Feststellung natürlich nichts anzufangen. Von dem Kleinen konnte sie ja auch keine Antwort erwarten und von Maria, die sie nicht direkt gefragt hatte, erhielt sie keine. Erst nach einer kurzen Weile antwortete sie in einer Weise, die wieder alles offenließ:
„Das kann schon sein ...", ließ bewusst eine kleine Pause um für Katherina die Antwort spannend zu machen, „... ich kannte ihn als kleines Kind ja nicht."
„Maria!" rief Katherina vorwurfsvoll aus, die endlich ein Geständnis von Maria erwartet hatte.
„Du weißt, was ich meine. Ich hab' mir das schon so oft gewünscht und konnte an gar nichts anderes mehr denken, dass Hanning mein Enkelkind ist. Ich hab' doch sonst auch nichts weiter und niemanden auf der Welt als euch."
„Lassen wir das wie es ist. Das zu klären, würde niemandem helfen, aber viel Unruhe auslösen. Du kannst und solltest den Kleinen liebhaben, wie ich auch", antwortete Maria ausweichend aber auch zufrieden stellend.
Endlich sah Katherina ein, unter den gegebenen Umständen von Maria keine eindeutigere Antwort zu erhalten. Sie gab sich aber damit zufrieden und hatte sie so gedeutet, wie sie es sich wünschte. Katherina hatte den Kleinen immer noch auf dem Arm, drückte ihn fest an sich und konnte die Tränen nicht mehr zurückhalten.
Maria fügte eine versöhnende Antwort hinzu.
„Wenn es dir recht ist, kommen wir dich öfter besuchen. Ihr könnt euch dann aneinander gewöhnen und zueinander freuen."
Katherina gab sich mit der Antwort zufrieden und strahlte vor Glück.
Sie tauschten sich noch über die ringsherum immer bedrohlicher werdenden Entwicklungen aus und fragten sich, ob wohl auch Johann in diesen Geschehnissen verwickelt sein könnte. Dabei schilderte Maria, dass sie sich mit Johann wiederholt darüber verständigt hätte, zu versuchen, an der Küste oder auch bei den Schweden eine Bleibe zu finden. Das hatten sie sich vorgenommen, wenn die unruhigen Zeiten zu Ende sind. Das war Katherina zwar nicht so neu, da Johann häufiger von der Küste geschwärmt hatte, was sie aber nie so ernst genommen hatte. Auch bei der Verabschiedung hätte er nur gesagt, dass er sich melden würde.

Die beiden Frauen drückten die Hoffnung aus, bald einmal etwas von ihm zu hören, verabschiedeten sich voneinander und vereinbarten, sich häufiger einmal zu sehen.
Maria war überglücklich endlich zu ihrer eigentlichen Schwiegermutter, wie sie es empfand, vernünftige Verbindung zu haben.
Dennoch beunruhigte sie zunehmend, dass von Johann nun schon über zwei Jahre keine Nachricht gekommen war. Besonders beunruhigend empfanden sie gelegentliche Meldungen, dass die kaiserliche Liga Städte an der Ostseeküste bedrängen würde und sich die Situationen immer mehr zuspitzen.
Eines Tages, Maria war auf der Weide bei den Kühen, kam ihre Mutter zu ihr. Sie sah sie schon aus der Ferne und war sich sicher, dass etwas Ungewöhnliches geschehen sein musste.
„Was ist denn passiert?“ erkundigte sich Maria schon von weitem.
Die Mutter war außer Atem.
„Ja, ich weiß nicht worum es geht. Aber Katherina war da und tat ganz eilig und wichtig. Du möchtest heute noch zu ihr kommen. Sie will dir etwas zeigen zu dem du dich äußern sollst. Mehr wollte sie mir nicht verraten, weil sie dich damit überraschen will. Das klang aber als etwas sehr Erfreuliches“, fügte ihre Mutter hinzu.
„Vielleicht hängt es mit Johann zusammen? Ja bestimmt. Sonst gibt es doch nichts Eiliges“, erwiderte Maria und strahlte voller Erwartung.
„Johann darf sich hier doch nicht sehen lassen!“ erwiderte die Mutter.
„Nein, Johann nicht“, korrigierte Maria, „aber ein Zeichen von ihm!“
„Aber warum soll das denn so eilig sein? Ich versteh' euch nicht. Was das bloß werden soll mit euch“, wunderte die Mutter.
Maria konnte die Zeit nicht abwarten und entschloss sich, eine Pause zu machen und gleich zu Katherina zu gehen. Katherina hatte schon Ausschau nach ihr gehalten und empfing sie vor dem Haus. Sie begrüßte Maria freundlich, nahm sie am Arm und führte sie ins Haus, ohne sich näher zu erklären. Auf dem Tisch im Zimmer hatte sie einen beschriebenen Bogen ausgebreitet, machte Maria auf ihn aufmerksam, als wäre es eine ganz wichtige Reliquie.
Maria ließ den Blick nicht von dem Papier und eilte an den Tisch. Sie hatte Mühe, die wenigen Zeilen auf dem schon zerknautschten Papier, zu entziffern. Dort stand:
„Marie.ick läw un lev di. Töf up mi. Hier wier väl Unroh. Ick koam bald wedder torüch. Oder schrief di, wo du mi finn dest.“ (Marie, ich lebe und liebe dich. Hier

war viel Unruhe. Ich komme bald wieder zurück. Oder schreibe dir, wo du mich findest.)
Maria drückte das Stück Papier an ihre Brust, richtete den Blick nach oben und strahlte voller Freude. Sie richtete sich an Katherina und nahm sie durch die tränengefüllten Augen nur verschwommen wahr. Beide Frauen nahmen sich in die Arme und schwiegen, erfüllt von unendlicher Freude.
Dann erklärte Katherina, dass sie den Brief heute früh von einem Händler erhalten habe, der bis morgen mit seinem Stand auf dem Markt ist. Gegen Nachmittag wollen sie mit dem Treck weiter in Richtung Norden. Aus dem Grunde sei es eilig, damit man dem Kaufmann einen Brief mitgeben kann.
„Schreib' Johann einen Brief für uns beide. Mir geht es nicht mehr so von der Hand. Er sieht dann, dass wir beide zusammenhalten und uns auf ihn freuen. Wir könnten ja morgen zusammen auf den Markt gehen und dem Händler den Brief geben. Der kann uns bestimmt noch etwas über Johann sagen. Ich war vor Freude und Überraschung gar nicht in der Lage, mich weiter nach ihm zu erkundigen"
Nachdem sich Maria verabschiedet hatte, rief Katherina ihr hinterher:
„Bringe doch den Kleinen mit!" Maria nickte und winkte ihr zu.

Am frühen Morgen des nächsten Tages stand Maria wieder vor ihrer Tür. Sie hatte den Kleinen bei sich und natürlich einen Brief für Johann. Das Schreiben hatte sie so abgefasst, als wäre es von Katherina und auch von ihr.
Katherina begrüßte beide freudig, nahm den kleinen Hanning auf den Arm und führte ihren Besuch in die Stube. Während sie sich zu dem Kleinen freute, breitete Maria ein Blatt Papier aus, auf dem sie in knappen Worten ihre Freude über das Lebenszeichen und ihre Hoffnung sowie ihre Erwartung auf ein baldiges Wiedersehen mit Johann ausgedrückt hatte.
Katherina las die wenigen Zeilen, ohne den Kleinen wieder abzusetzen. Immer wenn sie einen Satz gelesen und verstanden hatte, gab sie durch Kopfnicken ihre Zustimmung. Ein Satz ließ sie stutzen und nachdenklich werden.
Maria hatte geschrieben:
„...Wenn wir uns sehen, habe ich eine große Überraschung für dich, die uns untrennbar machen wird ...,"
„Überraschung ..." und „untrennbar machen?" fragte Katherina, „... erklärst es mir?"

Sie hoffte und wünschte sich so sehr, dass es auch eine Überraschung für sie sein würde. Nichts in der Welt würde sie sich mehr wünschen, als dass Maria ihr endlich bestätigt, dass der Kleine ihr Enkelkind ist.
Maria zögerte. Nicht weil sie Zweifel hatte, sondern um Katherina noch einen Augenblick im Ungewissen zu lassen. Dann lächelte sie viel sagend und erklärte:
„Die 'Überraschung' für Johann hältst du auf dem Arm!"
Katherina verlor vor Freude nahezu die Fassung. Sie jauchzte und drückte den Kleinen, den sie immer noch auf dem Arm hatte, fest an sich und musste sich hinsetzen.
„Ich hab' mir so sehr gewünscht, dass sich schon gar keinen anderen Gedanken fassen konnte, dass du mein Enkel, mein Johann, mein Hanning bist."
Sie schloss die Augen, wobei ihr die Tränen über die Wangen rollten und wiederholte immer wieder:
„Du bist mein, du bist mein Hanning."
Der Kleine sah sie verstört an. Er konnte einfach nicht verstehen, dass man sich freuen und zugleich auch weinen konnte und sah sich Hilfe suchend zu seiner Mutter um. Katherina wandte sich Maria zu und legte den anderen Arm um Maria und küsste sie auf die Wange. So standen sie eine Weile, konnten ihre Freude aber nicht in Worte fassen. Dann erklärte Maria sich näher:
„Jetzt wo sich Johann gemeldet hat und es Hoffnung gibt, dass wir bald wieder zusammen sind, kann ich ja darüber sprechen. Es ist mir einfach egal, was die Leute reden und was mein Vater anstellt.
Was meine Hochzeit mit Willhelm betrifft, habe ich ein ganz reines Gewissen. Es war und ist einfach eine „Freundschaftsehe", wenn es denn so etwas gibt. Er hat von vornherein gewusst, dass es nie etwas anderes zwischen uns geben wird und er hat es auch nie gewollt oder gefordert. Er war in seiner gutmütigen und geistig etwas zurückgebliebenen Art froh, überhaupt Verbindung zu mir zu haben. Ich bin ihm sehr, sehr dankbar dafür."
„Maria ich glaube dir, es tut mir leid, was ich dir vor einigen Monden gesagt habe. Alle wussten, dass es eine Zweckheirat war, die man von dir gefordert hat. Nur ich nicht. Ich wollte es einfach nicht gelten lassen und war einfach ärgerlich, dass es geschehen war, ohne die näheren Umstände zu kennen. Sollte es auch nur die geringsten Probleme mit Johann geben, sollst du wissen, dass ich immer an deiner Seite bin und zu dir halte."

Auch Maria fand Worte, die beide Frauen zusammenführten und ein künftiges Verhältnis begründeten, das beiden guttat.
Dann machten sie sich auf den Weg. Plötzlich zögerte Katherina.
„Was ist, hast du was vergessen?", fragte Maria.
„Wenn sich der Händler mit Johann unterhält und dabei auch einen kleinen Jungen erwähnt, ist unsere Überraschung geplatzt. Oder meinst du nicht?"
„Ja das hätte schief gehen können, gut, dass du daran gedacht hast."
Sie hatte den Kleinen zu ihrer Mutter gebracht und sich wieder auf den Weg gemacht. Es dauerte eine Weile, bis sie den Händler, der mit Wollsachen und Fellen handelte, gefunden hatten.
Er nahm den Brief entgegen und tat ihn in eine Schatulle, in der wahrscheinlich auch andere Briefe oder Wertsachen aufbewahrt wurden. Obwohl der Händler keinerlei Gebühr gefordert hatte, steckte Katherina ihm einige Silberlinge zu. Der Händler wollte sie zurückweisen und meinte, dass er den Brief als Freundschaftsdienst verstehen würde.
„Wir sind ja so glücklich, dass wir durch sie Verbindung zu meinem Sohn und zu ihrem Bräutigam erhalten haben. Diese Freude ist uns viel mehr wert als ein paar Silberlinge.
„Ich habe ihren Sohn vor vielen Monaten auf dem Weg nach Stralsund auf der Straße aufgelesen, als er sich verbergen musste. Er hat sich damals unserem Treck angeschlossen und sich sehr nützlich gemacht. Auf einem großen Treck fällt immer eine Menge Arbeit an. Johann hat sie gesehen und von sich aus zugepackt. Wir haben ihn als einen guten Freund kennen gelernt."
„Was macht er denn heute und wo lebt er?" unterbrach Maria ihn.
„Ja, was ich dazu sagen kann ist schon über ein Jahr her. Ich war nicht immer mit auf der Stralsunder Route. Und außerdem war der Zugang zu Stralsund wegen der Belagerung durch die kaiserlichen Truppen lange Zeit gar nicht möglich.
Sicherlich hat er aber auch anderen Händlern Briefe mitgegeben. Das ist so üblich. Aber die wenigsten erreichen in dieser wilden Zeit ihre Empfänger.
Ich weiß nur dass er damals in Stralsund in einem Männerhaus gewohnt und bei einer schwedischen Handelsfirma Arbeit gefunden hat. Er wollte die schwedische Sprache lernen und eventuell ganz nach Schweden übersiedeln. Ob er das gemacht hat, weiß ich nicht. Wir hatten vereinbart, dass er an Tagen, an denen wir mit unserem Treck in Stralsund sind, sich sehen lässt. Ich werde aber von mir aus versuchen, ihn ausfindig zu machen. Vielleicht arbei-

tet er noch in der schwedischen Firma oder wohnt noch in dem Männerhaus."
Maria und auch Katherina hatten noch eine Menge Fragen, die der Händler aber nur sehr unbestimmt beantworten konnte.
„Ich werde alles tun. Johann in Stralsund zu finden. Das bin ich ihm allein schon aus dem Grunde schuldig, weil wir Freunde sind. Sie können sich auf mich verlassen."
„Sind denn die Verhältnisse oben in Stralsund auch so unsicher wie bei uns? Wird dort auch gekämpft?" wollte Katherina wissen.
„Wir wissen nur, dass der General Wallenstein von der katholischen Liga Stralsund wochenlang belagert hatte. Er soll aber noch vor dem Herbst im letzten Jahr unverrichteter Dinge wieder abgezogen sein. Man sagt, er sei vor den schwedischen und dänischen Truppen ausgerissen, die den Stralsundern über das Meer zu Hilfe gekommen waren. Aber völlige Ruhe wird auch im Norden in der nächsten Zeit nicht zu erwarten sein. Man hofft, dass uns die protestantischen Schweden und Dänen auch hier im Inneren helfen werden. Hoffentlich haben diese unsinnigen Unruhen bald ein Ende."

❧

Nachdem sich die beiden Frauen verabschiedet und sich wieder auf den Heimweg gemacht hatten, meinte Maria: „Wenn ich sicher gewesen wäre, dass Johann noch in Stralsund ist, wäre ich am liebsten mitgefahren. Aber so ist es ja zu unsicher."
„Wir wollen froh sein, dass wir ein Lebenszeichen von dem Jungen haben und wissen, dass es ihm gut geht." Wer weiß, was uns noch bevorsteht und wo man am sichersten ist", hatte Katherina gemeint.
„Aber hast du die alte Frau gesehen, die sich neben uns gestellt und so getan hatte, als würde sie sich passende Wolle aussuchen?"
Maria verneinte.
„Das war die größte Klatschbase der Stadt, die alles herumträgt, was sie aufgeschnappt hat. Aber das kann uns ja egal sein, wenn denn bekannt wird, dass wir Verbindung zu Johann haben!"
Wenn die beiden Frauen aber mitbekommen hätten, was die Klatschbase dem Händler anschließend über Maria erzählt hatte, hätten sie das sicher anders beurteilt.

Sie hat sich dem Händler gegenüber genüsslich ausgelassen, dass Maria schon wenige Tage nach der Flucht ihres Freundes, Johann, den Sohn des Bauern Lehmann geheiratet und ihren bedauernswerten Freund, Johann, schnell vergessen hat. Das könne in der Stadt niemand verstehen. Und, dass sie heute so tut, als würde sie zu ihrem damaligen Freund halten, sei doch unerhört.
Der Händler hatte das kommentarlos hingenommen. Dennoch hat er es für sich registriert, weil es eben einen guten Freund betraf.
Auf dem Heimweg mussten die beiden Frauen am Treptower Tor vorbei und sahen, dass dort gerade Wachablösung war. Die Wache und Verteidigungsbereitschaft der vier Stadttore war in diesen unruhigen Zeiten den Hauptzünften, wie den Wollwebern, Schustern, Bäckern und Schlächtern übertragen worden. Es hatte den Anschein, als sei die Wache verstärkt worden. „Vielleicht sind wieder fremde kaiserliche Truppen in der Nähe, die es auch auf Neubrandenburg abgesehen haben", vermuteten die Frauen.
„Wenn das stimmt, was man sich so erzählt, können wir uns hier in der Stadt eigentlich aber sicher fühlen. Wir haben eine gute Befestigungsanlage, die vielen anderen Orten weit überlegen ist. Aus dem Grunde soll auch der General Wallenstein mit seinen Truppen gar nicht erst versucht haben, die Stadt mit Gewalt zu erobern."
„Hoffentlich behältst du Recht Maria."
Tage vergingen.
Eines Abends war Wilhelm, Marias Mann, bei seinen „Freunden" in der Kneipe. Es wurde spät und die Stimmung stieg mit dem Alkoholpegel. Gegenstand des Spottes war immer wieder Wilhelm. Er ließ es sich in seiner Einfältigkeit gefallen und hatte sogar Spaß daran, im Mittelpunkt zu stehen. Schließlich war auch das Thema, zur Herkunft seines Kindes dran, über das die Männer schon immer gern und lautstark ulkten. Wilhelm konnte nicht richtig mittun und als er es dann doch einmal mit einer Nebenbemerkung versuchte, fielen sie spaßend über ihn her.
„Du kannst dat doch gornich, Willem, du hest dat doch noch gor nich moakt un wetst nich wi dat geit." (Du kannst das doch gar nicht, Wilhelm, du hast das doch noch gar nicht gemacht und weißt nicht wie das geht.)
Ein anderer schaltete sich ein, tat naiv und erkundigte sich:
„Wecker sall emm denn dorbie hulpen hemm?" (Wer soll ihm denn dabei geholfen haben?)

Nun nahm das Thema in eine Richtung Fahrt auf, die persönlich wurde und bei der Willhelm nicht nur gefoppt, sondern zunehmend verhöhnt wurde. Das Foppen hat er sich ja immer gefallen lassen und konnte selbst darüber lachen, aber das Verhöhnen ging gegen seine Ehre.
Besonders gekränkt fühlte sich Willhem durch solche Bemerkungen wie: „Maria lött em doch gor nich ehr Bett.", (Maria lässt ihn doch gar nicht in ihr Bett.)
Die ganze Runde lachte provozierend. Nur Wilhelm nicht. Er fühlte sich immer mehr verletzt und lächerlich gemacht.
Schließlich griff er nach seiner Mütze und verließ wortlos die Kneipe.
„Willem bliev doch hier. Dat is doch nich so meent", (Wilhelm bleib doch hier. Das ist doch nicht so gemeint.) rief ihm jemand hinterher.
Aber Wilhelm drehte sich nicht einmal um und war verschwunden.
Maria begrüßte ihn freundlich und gab ihm wie immer einen Kuss auf die Wange. Während ihm das früher immer gefallen hatte stachelte es ihn heute an. Maria konnte sich diese Reaktion zunächst nicht erklären.
Ohne einen Ton zu sagen hatte er sich entkleidet und versuchte zu Maria, seiner Frau, ins Bett zu steigen. Sie wehrte sich und glaubte zunächst noch an einen Spaß. Aber Wilhelm gab nicht nach und wollte sich sein Recht als Ehemann mit Gewalt nehmen. Aber Maria wehrte sich, kratzte und schubste, wandte sich hin und her, so dass es ihr gelang, sich ihm immer wieder zu entziehen. Schließlich gab Wilhelm auf.
Maria war entrüstet. Sie raffte einige Kleider zusammen, kleidete auch ihren Jungen an und verließ wortlos das Haus.
Wilhelm verstand die Welt nicht mehr. Eine solche Reaktion hätte er sich nicht vorgestellt und bereute sein ungestümes Vorgehen. Er konnte es aber Maria nicht mehr sagen. Sie hatte das Haus schon verlassen und damit auch ihn.

Sie nahm ihren Sohn an der Hand und ging mit ihm spät am Abend zu ihren Eltern. Sie pochte einige Male an der verschlossenen Tür, bis ihr Vater schließlich öffnete. Er war völlig überrascht, seine Tochter und seinen Enkelsohn vor der Tür zu sehen.
„Watt is denn nu los, Marie", wollte er wissen.
Sie bat, die Nacht bleiben zu dürfen und auf die weitergehende Frage ihres Vaters antwortete sie:

„Wilhelm wollte in mein Bett und hat versucht, mich mit Gewalt zu nehmen."
„Und?" unterbrach sie ihr Vater. „Das ist dein Mann und das gehört dazu!" versuchte er, sie barsch zu belehren.
„Geh' zurück zu deinem Mann!" ergänzte er und knallte die Tür zu.
Maria stand wie gelähmt da und wusste im Moment nicht, wohin sie sich wenden sollte. Wenngleich sie die derbe Art ihres Vaters kannte, hatte sie mit einer solchen Reaktion nicht gerechnet.
Ihre Mutter war durch den Lärm aufmerksam geworden und war hinzugekommen. Sie schob ihren Mann beiseite und rief Maria hinterher:
„Maria, wo willst du denn jetzt hin? Komm zurück, Maria hörst du, ... Maria?"
Maria hatte sich bereits abgewandt und wusste, wo sie gerne gesehen war.
Die Mutter wandte sich vorwurfsvoll an ihren Mann.
„Was bist du für ein Vater? Wie kannst du deiner eigenen Tochter das Haus verwehren. Das wird man dir heimzahlen!" prophezeite sie
Ihr Mann wandte sich knurrend ab und glaubte sich mit der Bemerkung rechtfertigen zu können:
„Sie gehört zu ihrem Mann!"
Maria wusste, wo sie freudig aufgenommen wird und stand wenig später vor Katherinas Tür. Freudig überrascht umarmte sie Maria, nahm dann ihren Hanning auf den Arm und zog sie ins Haus.
„Was ist denn passiert Maria?"
Bevor sie das Geschehene schilderte, erkundigte sie sich:
„Dürfen wir die Nacht bei dir bleiben?"
„Natürlich dürft ihr das und nicht nur heute. Ich würd' mich so sehr freuen, wenn ihr zu mir zieht. Das weißt du doch."
Nachdem Maria das Geschehene geschildert und begründet hatte, dass sie weder das Haus ihres Mannes, noch das ihres Vaters wieder betreten würde, entgegnete Katherina:
„Maria, ich hätte an deiner Stelle auch so gehandelt. Ihr habt hier eine Bleibe für immer. Mein Haus ist auch euer Haus", und nach einer Weile fügte sie hinzu:
„Ich freue mich so sehr, dass ihr da seid. Das ihr da seid, wo ihr beide hingehört."
Am nächsten Morgen stand Maria mit einer Heukarre vor dem Haus ihres Mannes um einige Gegenstände des Hausrates und der Kleidung auszuräu-

men. Wilhelm, ihr Mann, hatte sich wegen seines Verhaltens immer wieder entschuldigt und geschworen, es nicht wieder zu tun.
Er tat ihr irgendwie Leid, wie er so in seiner Hilflosigkeit dastand.
„Wilhelm lass' es gut sein. Wir können trotzdem gute Freunde bleiben. Wir haben von Anfang an alles falsch gemacht und sollten es jetzt endlich korrigieren. Aber verlange nicht von mir, dass ich dein Haus wieder betrete."
Maria musste mit der hoch beladenen Karre am Haus ihrer Eltern vorbei. Ihre Mutter hatte schon auf sie gewartet. Es war eine schwere bedrückende Situation für sie. Sie trocknete sich mit dem Schürzenzipfel immer wieder die Tränen.
„Maria, willst du es dir nicht überlegen. Vater hat es schon so sehr bereut. Komm' doch zurück."
Maria umarmte ihre Mutter, weil sie ihr unendlich leid tat.
„Glaub mir, Mutter, es wird nie Frieden geben zwischen mir und Vater. Er sieht nur seine Wirtschaft und seine Interessen. Sein Haus betrete ich nicht wieder. Du kommst uns immer einmal besuchen und kannst uns jeden Tag sehen. Wir leben bei Katherina, Hannings andere Oma."
Die Mutter kramte unter ihrer Schürze einen kleinen Lederbeutel hervor, der prall mit Silberstücken gefüllt war.
„Davon könnt ihr eine ganze Weile leben. Und wenn du was brauchst, Maria, ich bin immer für dich da, vergiss das nicht Kind, ...hörst du?"
Maria drückte ihre Mutter und bedankte sich. Sie standen eine ganze Weile umarmt da und mochten sich nicht loslassen.
Schon in den nächsten Tagen bemühte sich Maria um eine Beschäftigungsmöglichkeit. Sie fand sie in dem Hospital in dem sie zuvor schon gearbeitet und sich Freunde und Ansehen erworben hatte.
Katherina freute sich, die Pflichten einer Großmutter übernehmen zu können, hatte den kleinen Hanning immer an ihrer Seite und fühlte sich in die Zeit zurückversetzt, in der ihr Sohn noch in dem Alter war.

4. Johanns Soldatenzeit

In der Zwischenzeit war viel geschehen. Johann hatte Karriere gemacht. Seine Bereitschaft, zuzupacken und sein Eifer, die schwedische Sprache zu erlernen, hatten ihn in der Handelsgesellschaft nicht nur beliebt, sondern auch zunehmend unentbehrlich gemacht. Er hatte bereits mit den Frachtschiffen einige Reisen mit nach Malmö und Trelleborg unternommen und kannte sich in allen Angelegenheiten des Handelns gut aus.

Es ergab sich, dass er dabei immer wieder auch mit Sigrid, seiner schwedischen Arbeitskollegin zusammentraf, die ihm inzwischen eine gute Freundin geworden war. Sie hatten sich gegenseitig aber gestanden, in ihrem Heimatland ein festes Verhältnis zu unterhalten, dem sie sich verpflichtet fühlen. Dabei hatte Sigrid erwähnt, dass ihr Freund im Unternehmen ihres Vaters tätig sei, der ihn immer mehr zu Leitungsaufgaben heranziehen würde. Beiläufig hatte sie hinzugefügt, dass er wahrscheinlich in ihm auch einen möglichen Nachfolger für sich sieht und glaubt, damit auch meinen Wünschen dienen zu können. Johann, hatte diese Bemerkung als Andeutung dafür verstanden, dass ihre Beziehung zu Johann nur im freundschaftlichen Charakter bleiben dürfe.

Tatsächlich gestaltete sich ihr Verhältnis zueinander aber immer nachdrücklicher und vertrauter.

Dabei geriet Johann mit seinen Gefühlen allerdings immer mehr in Zwiespalt. Er hatte sich zwar fest geschworen, zu seiner Maria halten zu wollen, konnte andererseits aber der immer nachdrücklicher werdenden Zuneigung seiner Freundin, Sigrid, nicht widerstehen. Er wusste, dass es so war, unterließ es aber, sich eindeutig festzulegen. Er genoss einfach ihre Gegenwart und ihr sympathisches Wesen und vor allem auch ihre hübsche Erscheinung.

Eines Tages hatte sie die Arbeitskollegen der Handelsniederlassung und auch Johann zu ihrem 25. Geburtstag zu einem Essen eingeladen. Als Johann in ihrer Wohnung eintraf und sie umarmt hatte, sah er sich mit ihr allein. Auf seine entsprechende Frage antwortete sie in einer vieldeutigen koketten Art: „Ich wollte vorher einmal mit dir zusammen sein."

Sie hatte die Umarmung noch nicht gelockert. Es schien, als würde sie sie überhaupt nicht lösen wollen und küsste ihn.

Bei Johann schrillten alle Alarmglocken. Er war total verwirrt und wusste für den Augenblick nicht, wie er sich verhalten sollte. Beim Lösen der Umar-

mung nahm sie die Spitze ihres zu einem Zopf geflochtenen Haars und strich ihn damit über sein verdutztes Gesicht. Johann nahm sie wieder in den Arm, drückte sie und sah sie in ihre frechen hübschen Augen.
„He, nicht so stürmisch", ermahnte sie ihn.
Ja, war es eine Ermahnung oder sollte es nicht eher als eine kokette Ermunterung aufgefasst werden. Da sie aber die Umarmung nicht gelöst, sondern auffällig verstärkt hatte, fand Johann die Frage damit beantwortet. Dann spürte er wie sie ihn langsam zu der Liege zog. Johann war völlig außer sich, er wusste nicht was ihm geschah und gab sich einfach seinen Gefühlen hin. Nachdem sie voneinander gelassen hatten, strahlten sie einander an. Sigrid kommentierte es mit der Bemerkung:
„Das war mein schönstes Geburtstagsgeschenk!"
Sie standen sich beide gegenüber und gingen ihren Gedanken nach. Sie waren sich wohl beide nicht im Klaren darüber, wie sie das, was ihnen beiden geschehen war, mit dem vereinbaren konnten, was sie sich eigentlich zu Beginn ihrer Freundschaft geschworen hatten. Sie ließen nähere Gedanken darüber einfach nicht zu und verdrängten sie.
Seit diesem Geburtstag standen sie in einem engen Verhältnis. Dennoch wollten sie ihr jetziges Zusammensein als ein gutes freundschaftliches Verhältnis verstanden wissen. Allerdings erlaubten sie sich trotzdem immer einmal, den selbst gewählten freundschaftlichen Charakter ihres Verhältnisses überschreiten zu dürfen.
Nach der Belagerung Stralsunds durch Wallensteins Truppen erhielt Sigrid völlig überraschend von ihrem Vater die Weisung wegen der unruhigen Zeiten mit dem nächsten Schiff zurückzukommen.
Jetzt erst mit dieser Forderung wurde sie sich bewusst, wie eng sie in Wirklichkeit doch das Verhältnis zu Johannes empfand und suchte für sich und Johannes nach einer Lösung. Sie hatte dafür nur eine Woche Zeit. Jede andere Entscheidung als ihr Verhältnis fortzusetzen, empfand sie als unzumutbar. Auch Johannes gestand ihr seine Zuneigung ein, die jetzt mit einem Mal eine Entscheidung abverlangte, die ihnen einfach schwerfiel und für die sie in dem Augenblick keine Lösung hatten.
Beide wussten aber, dass jetzt eine Entscheidung anstand, mit der sie immer gerechnet aber doch stets vor sich hergeschoben und verdrängt hatten. Das zeigte sich auch in einem Vorschlag, den Sigrid doch etwas sehr vorbestimmt einbrachte. Er bestand darin, dass Johann mit nach Schweden

kommen solle, um sich dort genauer umzusehen und sich zu prüfen. Sie hatte die Vorstellung, dass Johann mit in das Unternehmen ihres Vaters einsteigen könne und sagte das auch. Das tat sie mit einem Nachdruck, der erkennen ließ, dass sie sich mit einer solchen Lösung gedanklich schon häufiger befasst hatte. Daher erwartete sie von Johann offenbar eine sofortige freudige Zustimmung.
Mit einem Schlag wurde sich Johannes bewusst, in welcher Situation er sich befand. Er mochte Sigrid einfach nicht enttäuschen, wusste aber, was das bedeutete. Johannes musste eine eindeutige Antwort finden, wie verletzend sie für Sigrid sein würde.
Um ihr ihre Enttäuschung erträglicher zu machen, entschied er sich für eine Ausflucht. Er tat überrascht und meinte, dass er über eine solche Lösung noch nicht nachgedacht hätte, da ein solcher Vorschlag für ihn sehr überraschend kommt und er nicht gleich eine Entscheidung hätte.
Offenbar hatte Sigrid mit einer freudigere Zustimmung Johannes gerechnet, wandte sich von ihm ab um sich ihre Enttäuschung nicht anmerken zu lassen. Aber schon im nächsten Augenblick wandte sie sich wieder ihm zu und versuchte, gleichmütig zu scheinen, was ihr aber nicht gelingen wollte.
„Dann hatte dir unser Verhältnis auch nichts bedeutet", warf sie ihm vor.
Johann packte sie an beiden Oberarmen und tat, als ob er sie wachrütteln müsste. „Glaubst du wirklich, dass dein Vater seine offenbar weitgehenden Pläne mit Dir und deinem Freund einfach so hinnehmen und aufgeben und mich dafür akzeptieren würde?"
Seine Sigrid schien wie erstarrt. Als sei sie in dem Augenblick erst aus einem tiefen schönen Traum erwacht und sah Johann reglos an. Er hatte mit Sicherheit den entscheidenden Punkt getroffen und den Skandal, den ihr Vater veranstalten würde heraufbeschworen. Sie löste sich aus der Umklammerung, trat einen Schritt zurück und sah Johann in die Augen. Erst jetzt schien sie die ganze Dramatik ihrer Situation erfasst zu haben, für die sie keine wirkliche Lösung hatte.
Dann schoss es trotzig aus ihr heraus. „Dann bleib' ich eben hier bei dir."
Johann nahm sie in den Arm, drückte sie und wollte von ihr wissen: „Glaubst Du wirklich, dass dein Vater das hinnehmen würde? Du müsstest dich von deiner Familie lösen und damit die Pläne deines Vaters mit euch durchkreuzen, was auf das Gleiche hinauslaufen würde."

Sigrid schüttelte nach einem Augenblick sanft mit dem Kopf und schwieg. So standen sie eine ganze Weile und schienen sich bewusst zu machen, dass es für sie und ihr Verhältnis im Augenblick keine wirkliche Lösung gab.
Johann versuchte die Konsequenz aus ihrer Situation deutlich zu machen und drückte sie so aus:
„Also, da die Umstände, denen wir ausgesetzt sind, im Augenblick keine wirkliche Lösung in unserem Sinne bieten, haben wir uns den Bedingungen zu stellen.
Das bedeutet, dass du der Aufforderung deines Vaters folgst, nach Trelleborg fährst und erst einmal prüfst, was der Vater für Pläne mit dir hat, ob du glaubst, den Plänen deines Vaters folgen zu müssen oder ob es irgendeine Change für uns gibt."
Seine Überlegungen schienen bei Sigrid gewisse Einsichten zu wecken, so dass sie zögerlich, aber zustimmend nickte. Das ermutigte Johann auf die zu erwartende Reaktion ihres Freundes in Trelleborg hinzulenken und erkundigte sich:
„Was meinst du welche Chance hätte ich in Trelleborg neben deinem Freund, mit dessen Unterstützung durch deinen Vater? Er würde mich bestenfalls einreihen in den Kreis seiner Beschäftigten. Wir sollten das langsam angehen und die Umstände zunächst prüfen, wie sie sich entwickeln."
Jetzt war es Sigrid, die alle die Probleme in Betracht ziehen musste, die sie zuvor leichtfertig beiseitegeschoben und in ihrer Bedeutung verkannt hatte. Sie schwieg einen Augenblick und kam sicherlich zu der Überlegung, dass nicht allein das momentane Empfinden gefragt war, sondern weitergehende Verhältnisse zu bedenken waren.
Dennoch kam eine Antwort, die nicht weiterhalf.
„Ich würde am liebsten mir dir eine gemeinsame Zukunft schaffen" und strahlte Johann an.
Sigrid sagte das in einer Art, die deutlich machte, dass sie durchaus um die Probleme wusste. Sie hob die Schultern und schien sich jetzt erst bewusst zu werden, dass das Problem für sie ernster war, das sie bisher gedanklich nie zugelassen hatte. Ergänzend gestand sie, dass sie bisher leider immer nur schwärmerischen Wünschen und Hoffnungen gefolgt wäre. Ihre Körperhaltung verriet eine bedrückende Stimmung wie sie sie bisher noch nie empfunden hatte. Dann richtete sie sich aber auf, umarmte ihren Johann, senkte ihren Kopf an seine Brust, um ihre Tränen zu verbergen.

Johann kam ihr mit seinen Worten entgegen:
„Du weißt, wo du mich hier jederzeit erreichst. Lass' uns doch zunächst sehen, was uns die Zukunft bringt. Wir sollten hier in der Handelsvertretung hinterlassen, wie es uns ergeht. Dann müssen wir nichts überstürzen."
Das schien beiden in der gegenwärtigen Situation gut zu tun. Auch Johann hatte es psychisch sehr getroffen. Sie hielten sich beide lange fest und schwiegen.
Einige Tage darauf kam Sigrids Abreise. Lange standen beide am Kai und ließen sich erst los als das Kommando zum Ablegen ertönte. Im Grunde wusste jeder, dass es sehr wahrscheinlich ein Abschied für immer war. Sie winkten sich zu, bis die Entfernung keine Sicht mehr zuließ.

❧

Wegen der anhaltenden unsicheren Zeiten hatte Stralsund einen „Allianzvertrag" mit Schweden abgeschlossen. Das brachte allerdings nicht nur Vorteile für die Stadt und die Region, sondern war auch mit enormen Belastungen verbunden. So waren neben anderen Kosten auch die nicht unerheblichen Aufwendungen für den Unterhalt der schwedischen Truppen aufzubringen. Der Vertrag war vor allem aber die rechtliche Grundlage und der Beginn der so genannten „Schwedenzeit in Pommern".
Es zeigte sich fortan, dass die Stralsunder und Bürger anderer pommerscher Städte in der schwedischen Besatzung, trotz der sich daraus ergebenden Belastungen immer eine Schutzmacht sahen. Das war die Stimmung unter der Bevölkerung und wurde auch durch offizielle Schritte und Bekundungen immer wieder bekräftigt. Es bestand eine weitgehende Übereinstimmung beidseitiger Interessen. Sie verstanden sich vor allem als Bündnispartner im gemeinsamen Glauben.
Johann trug sich bereits seit langem mit der Absicht, schwedischer Bürger zu werden. Die beginnende „Schwedenzeit" in Pommern war für ihn verbunden mit seiner zunehmenden Verwendung als Übersetzer in den verschiedensten Bereichen.
Als dann nach der Belagerung Stralsunds durch kaiserliche Truppen, immer mehr dänische und schwedische Streitkräfte über den offenen Hafen nach Stralsund gelangt waren, bedeutete das für Johann einen grundlegenden Wandel seiner Verwendung. Das wurde vor allem dadurch ausgelöst, dass die

schwedische Handelsgesellschaft, in der Johann tätig war, engsten Kontakt zu den schwedischen, militärischen Einrichtungen hielt. Dabei ging es meist um zu treffende Vereinbarungen und der Versorgung der Truppen. Johann war dabei bald in seinem Element und machte sich zunehmend unentbehrlich.

Die Verhältnisse und die daraus wachsenden Anforderungen in diesem Bereich und seine gleichzeitige Tätigkeit in der Handelsgesellschaft waren bald nicht mehr zu bewältigen. Mit seinem Einverständnis wurde Johann als Übersetzer in die Verwaltung eines schwedischen Truppenteils versetzt und hatte damit auch sein bisheriges Zivilleben hinter sich zu lassen. So hatte er seine Unterkunft in dem Männerhaus und damit vor allem auch das lockere Männerdasein aufzugeben. Damit war verbunden, dass er sich einer ihm völlig ungewohnten militärischen Disziplin unterzuordnen hatte. Allein schon die Uniform, in der er sich zunächst äußerst unwohl fühlte, erinnerte ihn jeden Augenblick an seine verlorene Freiheit.

Johann hatte jetzt allen möglichen Vorgesetzten zur Verfügung zu stehen und nur das wiederzugeben, was andere Gesprächspartner ausdrücken wollten. Aber bald hatte er auch daran Gefallen gefunden. Das Übersetzen vermittelte ihm ein gewisses Selbstwertgefühl und die Gewissheit, dass andere Interessenten von ihm abhängig waren. Nicht unbedeutend und uninteressant war auch die Tatsache, dass er bald über alle wichtigen Probleme und Geschehnisse gut unterrichtet war, die sich nicht selten auch für seine eigene persönliche Kalkulation als vorteilhaft erwiesen.

So konnte er selbstständig irgendwelche Kontakte zu Stralsunder Instanzen aufnehmen und pflegen. Von dieser Basis aus konnte er auch seine Wunschvorstellung, schwedischer Bürger werden zu wollen, gründlicher prüfen und vorbereiten.

Auch die Tatsache, dass er durch seine Tätigkeit Zugang zu verantwortlichen Kräften erhielt, müsste ihm die Möglichkeit einräumen, so sagte er sich, eines Tages auch persönliche Wünsche äußern zu dürfen. Dabei dachte er vor allem an die Verwirklichung seiner ganz persönlichen, familiären Vorstellungen. Schließlich müsste es ihm doch möglich sein, seine Maria in seine Nähe zu holen und ein harmonisches Familienleben zu beginnen.

Zunehmend lernte er trotz der Zugehörigkeit zu militärischen Einheiten auch eine gewisse Bewegungsfreiheit für sich zu nutzen. Sie gestattete ihm, ganz privaten Bedürfnissen und Interessen nachzugehen.

Eines Tages hatte es Johann, wie immer, wenn er Freizeit hatte, zum Hafen in Stralsund gezogen. Er liebte die Atmosphäre dort am Hafen. Er empfand sie gewissermaßen als das Tor in eine andere Welt.

Johann hatte sich wie immer auf einen Poller am Kai niedergelassen und dem dort herrschenden Treiben zugesehen. Die Atmosphäre am Hafen übte auf ihn immer eine Faszination aus, die er sich einfach nicht näher erklären konnte. Hier gab es immer etwas Neues zu sehen und zu erleben. Dazu gehörte das emsige Treiben an den Frachtern, das leichte Dümpeln der Fischerkähne, der hier herrschende strenge Geruch nach Teer und Fisch und auch das grelle Kreischen der ewig hungrigen Möwen. All' das zog ihn an und versetzte ihn in eine Stimmung, auf die er nicht mehr verzichten mochte. Hier verbrachte er besonders abends oft stundenlang seine Zeit.

Johann hatte schon eine ganze Weile dort gesessen und sich zurück geträumt in seine Vergangenheit zu den vielen schönen Stunden, die er mit seiner Maria verbracht und die er sich her gewünscht hätte.

Plötzlich traute er seinen Augen nicht als ein Treck an ihm vorbeipolterte, der wahrscheinlich zum Markt wollte.

„War es Wirklichkeit oder war es immer noch eine Szene aus meiner Träumerei?" fragte er sich.

Er sah nach vielen Monaten der Belagerung jenen Treck, mit dem er damals hierhergekommen war und mit dem er später auch einen Brief an seine Mutter und Maria mitgegeben hatte. Immer wieder schüttelte er mit dem Kopf und glaubte, sich seine Frage selbst nicht eindeutig beantworten zu können.

Träumte er sich die Wunschbilder herbei oder waren sie Wirklichkeit? Er hoffte so sehr auch seinen Freund wieder zu erkennen, der ihn in diese, für ihn neue Welt gewissermaßen eingeführt hatte. Dann sah er in seiner „Tagträumerei" plötzlich auch das Gespann seines Freundes mit dem auffälligen Planwagen auf sich zurollen. Aber da waren auch immer noch Zweifel. Als er dann aber auch seinen Freund, den Wollhändler, erkannte, wusste er, dass es kein Traum war.

Ungewollt brachte er einen Jubel aus, rannte auf den Wagen zu, kletterte zu seinem Freund auf den Fahrerbock und strahlte ihn an.

Der war überrascht, starrte seinen seltsamen Fahrgast an und konnte sich den Jubelschrei dieses schwedischen Landsknechtes und sein Verhalten nicht erklären. Erst als der neben ihm Platz genommen und ihn angestrahlt hatte, wusste er, es war Johann, sein Freund. Was folgte war eine stürmische Begrüßung. Sie hatten sich umarmt, hin und her gerüttelt und hätten dabei bald die Balance verloren und wären fast vom Fahrerbock gefallen. Nur die Seitenwand am Wagen verhinderte einen Sturz. Sie freuten sich unbändig.

„Wie kommst du in diese Verkleidung, Freund?"

„Das ist eine Geschichte, so lang wie deine Abwesenheit. Ihr habt Euch wohl nicht her getraut? Ich habe inzwischen Weltgeschichte mitgestaltet und wie du siehst, Karriere gemacht", antwortete Johann und wies mit einer schwungvollen Handbewegung auf seine fremdländische Kleidung.

„Das müssen wir heute noch begießen", antwortete sein Freund. „Habt ihr denn hier eine Kneipe, in der man in Ruhe sitzen kann?"

„Natürlich haben wir die. Wie lange bleibt ihr denn", wollte Johann wissen.

„Das hängt vor allem von den Geschäften ab, die wir hier machen können. Es muss ja alles erst wieder in Gang gebracht werden. Wir müssen neue Verbindungen knüpfen, handelseinig werden und vor allem werben, dass wir wieder da sind. Wir wollen versuchen, wieder auf dem Markt einen Platz zu erhalten. Wenn alles gut läuft, werden wir wahrscheinlich einige Tage bleiben. Du kannst mir sicher nicht mehr helfen, wie ich sehe."

„Da irrst du dich mein Freund. Ich kann dir wahrscheinlich mehr helfen als du denkst. Ich könnte dir Handelsverbindungen zu den Schweden vermitteln und wahrscheinlich auch zu Geschäften mit den schwedischen militärischen Einrichtungen.

Aber was mir viel wichtiger ist, hast du meinen Brief von damals überbracht und hast du vielleicht auch Rückantwort dabei?"

Der Wollhändler schmunzelte viel bedeutend und lächelte seinen Freund an, der ungeduldig auf eine Antwort wartete.

„Ich hab' beides für dich, Freund. Hauptsache ist, du kannst es auch bezahlen."

Dabei drückte er Johann die Pferdeleine in die Hand, während er nach hinten in den Wagen hangelte, um an die Schatulle zu kommen. Johann konnte die Zeit nicht abwarten und wäre ihm am liebsten entgegen gekrochen. Endlich war er wieder zurück. Johann riss ihm den Brief förmlich aus der Hand, öffnete ihn ungeduldig und las.

Dann lehnte er sich zurück, sah nach oben und sandte einen stummen Dank empor.

Johann las den kurzen Brief nun schon zum dritten Mal. Er freute sich, dass Maria mit seiner Mutter zusammen war und vermutete, nein wünschte sich, dass sie ständig bei ihr wohnen würde. Auf alle Fälle verstehen sie sich aber gut und würden auf ihn warten. Er hatte in Erinnerung, dass Maria kein gutes Verhältnis zu ihrem Vater hatte und dass es sich nach dem Zwischenfall mit ihm sicher noch verschlechtert hat. Sie wird die Hölle bei sich zu überstehen gehabt haben. Aber welche „Überraschung" es sein sollte, die sie ihm zeigen könnte, kam ihm einfach nicht in den Sinn.

„Sollte es ein Stammhalter sein?" fiel ihm ein. Aber das wagte er sich nicht einmal zu denken, geschweige denn, sich zu wünschen.

Johann hatte sich für den Abend frei geholt und der Wollhändler hatte mit dem Treckführer vereinbart, zwei Stunden dem Treck fernbleiben zu können. Sie trafen sich bei Mutter Schuld, die die Männerherberge unterhielt und daneben auch einen kleinen Ausschank hatte.

Die beiden Männer hatten sich viel zu erzählen. Johann interessierte vor allem, was in seiner Heimat inzwischen geschehen war. Wie gern würde er für eine gewisse Zeit wieder zurückgehen. Wenn er es sich' s aber genau überlegte, so war es vor allem die Sehnsucht nach Maria. Das hatte er seinem Freund auch immer wieder erklärt und von seiner Angebeteten geschwärmt.

Sein Freund rang mit sich, ob er Johann das Gerede von der „Stadttratsche" erzählen sollte. Für ihn passten die Dinge einfach nicht zusammen, sowohl von den persönlichen Äußerungen der beiden als auch von dem sympathischen Eindruck, den Maria auf ihn gemacht hatte. Das schien ihm alles echt und konnte einfach nicht nur vorgetäuscht sein. Er konnte es sich absolut nicht vorstellen, dass die Geschichte von der Hochzeit wahr sein sollte. Außerdem wollte er Johann mit der Geschichte nicht enttäuschen, zumal er fortwährend nur von seiner Braut schwärmte. Andererseits, so fragte er sich, ob es unfair sei, einem Freund die Wahrheit zu verschweigen und mitschuldig zu werden, wenn er falsche Schlüsse zieht und falsche Entscheidungen trifft. Um sicher zu gehen erkundigte er sich noch einmal.

„Sag 'mal Johann, was würdest du tun, wenn sich deine Maria inzwischen mit einem anderen Mann eingelassen hat? Ich meine es ist doch lange her wo ihr nichts voneinander gehört und euch nicht gesehen habt."

Johann sah ihn überrascht an.

„Das ist völlig unmöglich, undenkbar. Wir haben ein so inniges und ehrliches Verhältnis miteinander, dass das, was du meinst, einfach nicht passieren kann. Mir kommt nicht einmal der Gedanke daran. So sicher bin ich mir."

Dann wurde er allerdings für einen Augenblick nachdenklich. Er dachte an sein eigenes Verhalten und machte sich Vorwürfe. Dann suchte er aber für sich selbst nach einer Erklärung und weigerte sich, sein Verhältnis zu Sigrid gelten zu las-

sen und verdrängte es. Es erschien ihm einfach nicht vergleichbar zu sein. Die Umstände waren ganz anderer Art, so dass dem daraus entstandenen Verhältnis eine ernsthafte Bedeutung gar nicht zukam.
Sein Freund konnte sich die nachdenkliche Haltung von Johannes nicht erklären und beließ es bei einer zweifelnden Miene. Wenn auch mit Verspätung, so kam doch eine eindeutige Erklärung von Johannes.
„Du glaubst mir nicht, dass ich mir so sicher sein kann? In unserem Fall ist alles andere völlig ausgeschlossen!"
Johann sagte das mit einer Bestimmtheit, die erkennen ließ, wie sehr ihn eine andere Nachricht geschmerzt und möglicherweise sogar aus der Bahn geworfen hätte.
Daher entschloss er sich, das Thema abzubrechen und die Geschichte, die man ihm über die Hochzeit der Maria zugetragen hatte, für sich zu behalten.
„Sollte überhaupt etwas dran sein, wird er es immer noch rechtzeitig erfahren", sagte er sich. Die Zeit, die sie zusammen plaudern konnten, verging für beide viel zu schnell. Sie sahen sich die nächsten Tage noch einige Male und hatten vereinbart, dass sein Freund auf der Rücktour wieder Post für seine Mutter und Maria mitnimmt. Das sollte nach ihrer Vorstellung solange geschehen und zu einer festen Verbindung werden, wie Johann in Stralsund stationiert war.
Was aber für den Treck Bedeutung hatte, war die Tatsache, dass Hannes eine Verbindung zu der schwedischen Niederlassung vermitteln konnte, die beiden Seiten auch für die Zukunft von Bedeutung war. Das freute Johann, der sich dadurch für die guten Dienste des Trecks revanchieren und auch für sich etwas für eine sichere Verbindung tun konnte.
Nach etwa drei Wochen hatte der Kaufmannstreck wieder in Neubrandenburg Station gemacht. Johanns Freund, der Wollhändler, hatte die Post wieder Katherina ausgehändigt, Grüße übermittelt und vor allem die Neuigkeiten und seine persönlichen Eindrücke geschildert.
Er erzählte dabei auch die Begebenheit, wie er damals in Neubrandenburg von Marias Hochzeit erfahren, sich aber entschieden hatte, diesen Umstand seinem Freund, Johann, nicht zu erzählen.
Katherina legte ihre Hand auf seinen Unterarm, lobte ihn für seine Haltung und freute sich.
„Das hätte meinen Sohn schwer getroffen", begründete sie ihre Ansicht.
„Dann stimmt es tatsächlich, dass Johanns Freundin einen anderen geheiratet

hat?“ erkundigte sich der Freund, und schien es nicht für möglich zu halten. Katherina schilderte ihm den eigentlichen Hintergrund der Heirat und den Charakter dieser Ehe, die eigentlich keine sei. Sie bat den Wollhändler nachdrücklich, diese Geschichte ihrem Sohn nicht zu erzählen, weil niemand da sei, der ihm die Hintergründe und Zusammenhänge schildern könnte. Sie war einfach davon überzeugt, dass die Angelegenheit mehr Unstimmigkeiten auslösen als Klarheit schaffen würde.

Zum Schluss des Besuches vereinbarten sie, dass sich der Händler wieder bei ihr meldet, wenn er sich auf dem Rückweg nach Stralsund befindet, um erneut Post für Johannes mitzunehmen. Er wies sie aber darauf hin, dass es einige Wochen oder gar Monate dauern könne und dass es immer auch von der Situation abhängen würde, die in der Region herrscht.

Aus den Briefen, die der Händler mitgebracht hatte, entnahmen die beiden Frauen, dass es Johann gut geht und er sich eine sichere Position erarbeitet hat. In der Tatsache, dass er nunmehr Angehöriger der schwedischen Armee und als Übersetzer im Verwaltungsbereich tätig war, überraschte sie weniger. Sie sahen das vor allem als Ausdruck seines Fleißes.

Maria freute sich, dass sie erfahren hatte, wo sie ihren Johann finden könnte, wenn es denn sein müsste. Johann hatte aber in dem Brief an sie darauf hingewiesen, dass er zwar so gestellt sei, eine Familie ernähren zu können, dass er aber, wegen der unruhigen Zeiten, vorerst davon Abstand nehmen würde. Er könne nicht mit Sicherheit sagen, wo er morgen stationiert sei. Außerdem sei es gut möglich, so hatte er geschrieben, schwedischer Bürger zu werden und in Schweden Wohnsitz zu nehmen. Darüber müssten sie sich aber noch austauschen und verständigen.

Maria war überglücklich, nun endlich zu wissen, woran sie ist und hoffte auf ein baldiges Ende der kriegerischen Zeit.

Durch die ständigen Unruhen, wechselnden Kampfplätze und die damit verbundenen Unwägbarkeiten waren auch die bestehenden Verbindungen unsicher. Das bedeutete, dass die Versorgung der Bevölkerung mithilfe der Kaufmannstrecks nicht immer zuverlässig gewährleistet werden könne.

Als ernste Probleme erwiesen sich für die nur schwach gesicherte nordostdeutsche Region, die ständig umherziehenden kaiserlichen Heerhaufen, die diesen Raum heimsuchten. Die mecklenburgische und pommersche Bevölkerung war durch den Einfall der mordenden, und brandschatzenden katholischen Soldateska immer wieder unwägbaren Prüfungen ausgesetzt.

In all' diesen Situationen erwiesen sich die schwedischen Truppen stets als willkommene Partner, als zuverlässige Freunde. Unter diesen Bedingungen sah sich Johann auch im Sold des schwedischen Heeres stehend, als Mitstreiter für die Befreiung seiner Heimat. Er war sich bewusst, dass er damit auch Voraussetzungen für die Lösung seiner ganz persönlichen Wünsche und Ansprüche schuf. Er wollte daher einfach nicht abseitsstehen, wenn es darum ging, die kriegerischen unruhigen Zeiten schnell zu beenden. Daher suchte er nach einer Möglichkeit, seine Übersetzertätigkeit auch im Rahmen von Kampfeinsätzen ausüben zu können.

Der Umstand, dass er durch seine Tätigkeit auch Zugang zu führenden Instanzen hatte, kam seinen Interessen entgegen. Immer wenn sich eine Möglichkeit bot, trug er seine Wünsche und Interessen vor und betonte dabei seine Absicht, aktiver für die protestantische Religion mitwirken zu wollen.

Das hatte er auch wiederholt in Gesprächen mit Verantwortlichen, der in Stralsund stationierten schwedischen Truppen vorgetragen. Man hatte das zwar stets wohlwollend zur Kenntnis genommen, aber zugleich darauf hingewiesen, dass für die Besatzung in Stralsund keine Einsätze in anderen Bereichen vorgesehen seien. Sie sei ausgerüstet und spezialisiert für die Verwaltung und Verteidigung der Stadt. Für den Fall, dass andere Situationen entstehen oder andere Einheiten in diesem Raum eingesetzt werden sollten, würde man auf seinen Wunsch zurückkommen. Zu seiner Freude gab man ihm zu verstehen, dass er sich allein deshalb Hoffnung machen könne, da in den kämpfenden Truppenteilen immer entsprechender Bedarf bestehen würde.

In diesen Jahren brach eine Zeit an, die für den Erhalt des Protestantismus im nordischen Raum von besonderer geschichtlicher Bedeutung war. Dabei formierten sich Kräfte, um grundsätzliche Entscheidungen und Entwicklungen herbeizuführen. Welche Rolle Johannes dabei spielen könnte, war zwar zunächst nicht abzusehen. Seine inzwischen gewachsene vielfältige Verwendungsmöglichkeit ließ aber erwarten, dass auch ein Einsatz im Rahmen kämpfender Truppenteile durchaus gefragt sei.

❧

Die katholische Liga hatte sich in der zurückliegenden Zeit immer stärker im nordostdeutschen Raum festgesetzt. Sie schien sich ihres endgültigen Sieges weitgehend sicher zu sein. Die protestantischen Kräfte sahen sich zunehmend in einer nahezu hoffnungslosen Lage. Der General der katholischen Liga, Herzog von Wallenstein, hatte sich in Güstrow bereits eine herrschaftliche Residenz eingerichtet, was darauf schließen ließ, dass seine Anwesenheit hier im Norden bereits für ewige Zeiten geplant war.

Bezeichnend war auch die Tatsache, dass Wallenstein zu dieser Zeit vom Kaiser zum „General des Ozeanischen und Baltischen Meeres“ ernannt worden war. Eine solche Ernennung hieß nichts anderes, als die bekundete Absicht, sich den Zugang zunächst zur Ostsee und später auch zum „ozeanischen“ Bereich schaffen und nutzen zu wollen.

Das musste in strategischer Hinsicht auch als ein ausgesprochener Affront gegen die Seemächte Schwedens und Dänemarks verstanden werden. Damit wurde die Zuverlässigkeit des Bündnisgelübdes der protestantischen Glaubensbrüder im gesamten nordischen Raum herausgefordert.

Diese Geschehnisse riefen vor allem den protestantischen Schwedenkönig Gustav II. Adolf auf den Plan. Wenn jemand die Protestanten aus der aussichtslos scheinenden Lage befreien und die Existenz des deutschen Protestantismus sichern konnte, so war er es. Im gesamten protestantischen Lager setzte man daher große Hoffnungen auf den schwedischen König.

Die Erfolgsaussichten der Protestanten schienen zunächst allerdings immer noch zweifelhaft. Die Kräfte der katholischen Liga hatten sich nicht nur in entscheidenden Zentren festgesetzt, sondern von dort aus auch ihren Einfluss mit kriegerischer Gewalt, Mord und hemmungsloser Brutalität ausgeweitet.

Die deutsche Bevölkerung im nordostdeutschen Raum, lebte monatelang immer in der Angst, von den Kaiserlichen vereinnahmt oder niedergemacht zu werden. Besonders deprimierend war, dass die eigenen Kräfte wesentlich zu schwach waren, um den Angriffen der Kaiserlichen in den einzelnen Städten zu widerstehen.

Am 06. Juli 1630 zeigte sich am Horizont vor der Insel Usedom plötzlich eine riesige Flotte, die auf die Insel Kurs nahm. Die Bevölkerung war auf das Schlimmste gefasst. Sie fürchtete, dass die im Innern des Landes immer siegreicher in Erscheinung tretende katholische Liga nun auch von der Seeseite aus angreifen würde.

Dass es sich um eine schwedische Flotte handeln könnte, schlossen die Insulaner allein schon aus dem Grunde aus, da den Schweden ja bereits der Stralsunder Hafen für größere Anlandungen zur Verfügung stand. Das kann sich, so folgerte man, nur um eine weitere Ausweitung der katholischen Liga handeln, die die

Schweden in Stralsund und Umgebung in die Zange nehmen und sie von hinten angreifen wollte.
Immer mehr Küstenbewohner liefen zusammen und starrten gebannt auf das sich bietende Schauspiel. Einige Bürger knieten nieder und beteten zu Gott, dass er eine Landung der Katholischen nicht geschehen lassen möge. Doch immer näher rückte die vermeintliche Gefahr. Das heraufziehende Unheil schien seinen Lauf zu nehmen.
„Man muss die Schweden in Stralsund warnen", schrie jemand. Es taten sich auch gleich einige Männer zusammen, die beabsichtigten, diesem Ruf zu folgen.
Andere Anwohner rüsteten bereits zur Flucht oder beabsichtigten, Vorkehrungen für die Sicherheit ihrer Familien zu treffen und sich in den Wäldern zu verbergen.
Ganz allmählich löste sich der Pulk der Beobachter auf. Bei den Zurückbleibenden herrschte absolute Stille und gespannte Erwartung. Alle schauten wie gebannt auf die immer näher rückende Armada. Immer noch stand die unbeantwortete Frage, verbirgt sie Freund oder Feind?
In diesem Augenblick schien eine kleine Boe, die Flaggen an den Schiffen sichtbar gemacht zu haben. Ein Beobachter, der es sicher gesehen haben wollte, riss die Arme hoch und schrie:
„Das sind Schweden! Das sind Protestanten!"
Die Zweifler sahen immer noch gebannt auf's Meer und wagten es nicht zu glauben, dass es die Schweden sein könnten. Als dann aber mehrere Schaulustige schwedische Flaggen gesehen haben wollten, brach unbeschreiblicher Jubel aus. Sie lagen sich in den Armen und sprangen herum. Selbst ältere Männer sprangen in die Höhe und freuten sich wie kleine Kinder.
An diesem denkwürdigen Tag landete der Schwedenkönig Gustav II. Adolf, mit seiner Hauptarmee bei Peenemünde an der nördlichen Spitze der Insel Usedom mit etwa 13 000 Mann. Es dauerte eine geraume Zeit bis die vielen Truppen die Gerätschaften für das Kriegshandwerk, die Pferdefuhrwerke, Pferde und die Verpflegung, am gegenüberliegenden Ufer am Festland ausgeladen und zugeordnet waren. Als das geschehen war, hielten sie sich nicht lange auf und schienen es eilig zu haben. Offenbar wollten sie ihren Gegnern nicht die Zeit lassen, sich rechtzeitig auf eine Auseinandersetzung mit ihnen vorzubereiten. Alles schien nach einem großen Plan abzulaufen. Jeder schien genau zu wissen, was er zu tun hatte. Einige tausend Söldner waren schottischer Herkunft, die auch ihren eigenen Offizieren unterstanden. Wenige Tage nach der Anlandung erhielt König Gus-

tav Adolfs Armee immer größeren Zulauf durch deutsche Bürger. Schon nach kurzer Zeit hatte sich seine Truppenstärke insgesamt auf etwa 40 000 Kämpfer erhöht.
Die gesamte Armee machte einen sehr disziplinierten Eindruck. Es zeigte sich bald, dass es durchaus kein bloßes zur Schaustellen war, sondern vor allem auch in der Art wie sie ihre Schlachten führte. Schließlich ging ja ihrem König, Gustav Adolf, der Ruf voraus, ein gründlich ausgebildeter Militär zu sein, der wusste, wie Heere zu führen sind. Mit einer zielstrebigen strategischen Konzeption trugen seine Truppen ihre Angriffe vor und befreiten immer größere Landesteile in der nordischen Region.
Johann erlebte als schwedischer Söldner in Stralsund alle Höhepunkte, die sich in dieser Zeit vollzogen. Ein Ereignis von besonderer Bedeutung war der Besuch des schwedischen Königs Gustav II. Adolf in Stralsund im September 1630. Er wurde mit allen Ehrungen als der Befreier und Hoffnungsträger empfangen, wie sie zuvor keinem Herrscher zuteil worden war. Ihm zu Ehren erschallte Kanonendonner und das Läuten aller Kirchenglocken der Stadt. Es herrschte erlösende und befreiende Stimmung in der Stadt und in der Umgebung. Die Stimmung und Szenerie schien den Gläubigen durchaus mit dem Erscheinen des Messias vergleichbar zu sein.
Schon in den nächsten Wochen hatten sich die Erfolgsmeldungen der schwedischen Armee in der Bevölkerung herumgesprochen, die zunehmend bejubelt wurden. Es dauerte daher auch nicht lange, bis die katholischen Besitzungen und ihr unmittelbarer Einfluss immer weiter zurückgedrängt wurden. Die schnellen Siege der schwedischen Truppen waren vor allem auf die erfolgte Modernisierung des Militärwesens unter König Gustav Adolfs zurückzuführen. Sie waren in der Lage, unter Umständen auch die größere Feuerkraft eines Gegners mit höherer Beweglichkeit und vor allem mit besserer Koordination von Kavallerie, Infanterie und Artillerie auszugleichen und in einen Vorteil zu verwandeln.
Der Einsatz der Schweden und vor allem auch die persönliche Mitwirkung ihres Königs lösten unter den deutschen Bürgern eine Zuversicht und einen Optimismus aus, der die lange Zeit der Angst und der ständigen Unsicherheit immer mehr verdrängte. Wenn jemand in der Lage war, den ständigen Vormarsch der katholischen Liga zu stoppen, so war es in den Augen der einfachen Menschen, König Gustav Adolf. Man vertraute ihm und setzte vor allem Hoffnung auf die Tatsache, dass sich selbst ein König eines großen Lan-

des persönlich für die Sache ihres Glaubens einsetzte und mit zur Waffe griff. Überall wo König Gustav Adolf auftrat, war er der gefeierte Mann, der seine Soldaten mitriss, ihnen Vorbild und Beispiel war.
Es war sprichwörtlich, dass er überall dort auftrat, wo es kritisch und gefährlich war. Er wuchs auch unter der deutschen Bevölkerung innerhalb kurzer Zeit zu einem Idol ihres Glaubens ganz besonderer Art. Er verkörpert alle guten soldatischen Tugenden und fand unter den derzeitigen deutschen Heerführern der Protestanten keinen ebenbürtigen Partner.
Es hatte sich in der norddeutschen Region schnell herumgesprochen, dass die schwedischen Truppen in immer mehr Regionen im mecklenburgischen und pommerschen Raum obsiegt und die katholisch-kaiserlichen Truppen vertrieben hatten. Damit vollzog sich auch eine spürbare Stabilisierung der begonnenen „Schwedenzeit" in diesem Raum.
Allerdings war diese Situation nicht immer und in allen Regionen von Dauer. Herumziehende, versprengte und vagabundierende Truppenteile der katholischen Liga, unterschiedlicher Größe, stifteten in einzelnen Regionen immer wieder Unheil und Gefahr.
Johann war beseelt von dem Willen, sich für die Befreiung seiner Heimat von solchen Gefahren einzusetzen. Daher hielt er seine Zeit für gekommen, sich einer kämpfenden protestantischen Truppe anzuschließen, die in südliche Richtung operieren würde. Durch seine Dolmetschertätigkeit und seinen Zugang zu einflussreichen militärischen Kreisen gelang es ihm, in Erfahrung zu bringen, welche Truppenteile dafür in Betracht kommen. Er hatte sich die Zustimmung eingeholt, sich einer solchen Truppe anschließen zu dürfen. So kam es, dass er schließlich einem größeren schwedischen Truppenteil zugewiesen wurde, der unter dem Befehl des Generalmajors Dodo von Kniephausen stand.
Es war für Johann zunächst nicht einfach, das Militärhandwerk zu erlernen und sich nützlich zu machen. In einem kämpfenden Truppenteil galt es vor allem, seine Waffe zu beherrschen, um dem Gegner letztlich überlegen zu sein. Seine Geschicklichkeit und als Schmiedegeselle seine ungewöhnlich starke Armkraft waren dem Kommandeur des Fähnleins bald aufgefallen. Es war Captain Pflug, der selbst durch seine Respekt einflößende Statur und in seinem couragierten Auftreten alle Eigenschaften eines militärischen Vorgesetzten verkörperte. Pflug wusste bald, wann und wo er Johann einsetzen konnte. Hinzukam, dass Johann seinem Vorgesetzten auch durch seine Übersetzerfähigkeiten gezeigt hatte, ihm nützlich zu sein.

Schon nach wenigen Wochen stand Johann in dem Ruf eines geschätzten und vielseitig einsatzfähigen Soldaten. Auf ihrem Marsch in Richtung Süden hatte ihre Einheit wiederholt Gelegenheit, sich in Auseinandersetzungen mit marodierenden katholischen Einheiten, die sich in kleineren Städten festgesetzt hatten, auseinanderzusetzen und sich zu bewähren.
Das war auch für Johann ein Feld, auf dem er so manchen Schwertkämpfer alt aussehen ließ und das fürchten lehrte. Diese wenigen Tage hatten genügt, sich bei seinem Kommandeur einen Namen zu machen, der ihn gern in seiner Nähe hatte. Das sollte sich auch in der persönlichen Sphäre für Johann auszahlen.
Eines Tages, Johann traute seinen Ohren nicht, als er hörte, dass der Truppenteil von Generalmajor von Kniephausen, die Order hatte, die Stadt Neubrandenburg mit 2000 Mann zu besetzen. Von dort aus sollte der südliche Raum abgesichert werden. Die Strategie dieser Heeresgruppe sah auch vor, die auf der Strecke nach Neubrandenburg befriedeten Ortschaften mit einer Sicherungstruppe zu besetzen.
Johann konnte die Zeit nicht abwarten. Hoffentlich würde es nicht das Fähnlein von Captain Pflug betreffen, das vorher abgestellt wird und nicht bis Neubrandenburg gelangt. Immer wenn sie auf der Strecke eine Bergkuppe erreicht hatten, versuchte er, schon einmal die Kirchspitze von St. Maien in Neubrandenburg auszumachen.
Sie hatten bereits Treptow (Altentreptow) erreicht. Johann verfolgte gespannt das Geschehen, ob es seine Einheit betreffen würde, hier stationiert zu werden. Für den Fall hatte er vor, zu versuchen, sich in die Einheit versetzen zu lassen, die für den Einsatz in Neubrandenburg vorgesehen war. Da er inzwischen bei seinem Capitain gut angesehen war konnte er es sich erlauben, ihn direkt danach zu fragen.
„Sie sind wohl aus der Stadt", erkundigte sich Pflug. Nachdem Johann die Frage bejaht hatte, meinte er:
„Sie werden Gelegenheit haben, mir dort bei der Unterbringung unserer Einheiten behilflich zu sein. Gut zu wissen, dass ich einen ortskundigen Mann bei mir habe. Haben sie denn auch Freunde und Bekannte in der Stadt?" wollte er wissen. Nachdem er auch diese Frage bejaht hatte, erwiderte der Capitain Pflug:
„Das nennt man in unserem Handwerk Kriegsglück."
Johann strahlte und war sich sicher, einen einsichtigen Vorgesetzten zu haben, der sicherlich auch zustimmen würde, gelegentlich für ein paar Stunden die Einheit verlassen zu dürfen.

5. Werden die Mauern halten?

Anfang des Jahres 1631 drangen Meldungen in die Stadt über entfesselte marodierende Haufen im Umfeld der Stadt und über das Herannahen von Truppenteilen der katholischen Liga. Es kursierten die grausigsten Geschichten, die kaum zu beschreiben waren. Es war nichts für bange Gemüter. Solche Meldungen verbreiteten aber nicht nur ängstliche Stimmungen. Sie förderten auch die Entschlossenheit der Bürger, sich gegen ein solches Vorgehen mit allen Mitteln verteidigen und wehren zu wollen. Sie waren bereit und interessiert, sich in der Handhabung von Waffen zu üben und sich im Vorfeld an der Schaffung und Ausbesserung entsprechender Schutzeinrichtungen im Bereich der Tore und Wiekhäuser zu beteiligen.

Es herrschte bald eine gewisse Aufbruchsstimmung. Die Tore der Stadt waren Tag und Nacht von einer Einsatzgruppe der jeweils verantwortlichen Zünfte besetzt. Man hatte auch sofort begonnen, das gesamte südliche Vorstadtgelände mit dem Werderbruch weiträumig zu fluten, um es unpassierbar zu machen. Der Lindebach führte zu dieser Jahreszeit glücklicherweise noch genügend Wasser, mit dem die ohnehin moorigen Flächen des Bruches und auch die sich anschließenden Wiesen und Felder überflutet werden konnten.

Es zeigte sich bald, dass die kursierenden Geschichten über die Nähe der katholischen Truppen der Wahrheit entsprachen.

Eines Morgens hatte man im Süden der Stadt vor dem Stargarder Tor verdächtigte gegnerische Truppenbewegungen ausgemacht. Immer größere Verbände wurden herangeführt, überwanden die vor der Stadt befindlichen Hügel und zogen in der Niederung bis an die überfluteten Flächen heran. In einer Entfernung von einigen hundert Metern schienen sie auszuschwärmen und Stellung zu beziehen. Auch die ersten Kanonen wurden in entsprechende Stellung gebracht. Alles deutete darauf hin, dass Tilly Vorkehrungen für eine unverzügliche Erstürmung der Stadt zu treffen schien.

Von den Wiekhäusern und Toren der Stadt aus waren seine Bemühungen gut einzusehen und wurden mit wachsendem Interesse verfolgt. Die Verteidiger hatten alle Stellungen bezogen und waren kampfbereit. Sie hatten die Zugänge zur Stadt durch die Tore verbarrikadiert, indem sie die eisenbeschlagenen schweren Holztore von der Innenseite meterhoch mit Stallmist und sperrigem Gerät beschichtet hatten. Für das Friedländer Tor erübrigte sich eine derartige Vorkehrung, da sich vor der Toranlage ein großer Zingel befand, der die Gesamtanlage besonders wehrhaft machte. (3)

Wenngleich der Feind noch in gehörigem Abstand war, bereitete allein der Anblick der ungewöhnlich großen Masse der Angreifer bei den Verteidigern ein mulmiges Gefühl.

Allein dieser Anblick förderte unterschiedliche Stimmungen in der Stadt. Sie waren aber vorwiegend von der Überzeugung bestimmt, dass die wehrhaften Mauern und Verteidigungsanlagen weithin ein Sicherheitsgefühl vermittelten. Unter den jungen Männern herrschte eine Stimmung vor, sich im Kampf beweisen zu wollen. In den Gesprächen brannten sie darauf, Gelegenheit zu bekommen, das beweisen und sich für ihren Glauben und ihre Stadt auszeichnen zu können. Seit Tagen übten sie in ihren Zünften hinter den ihnen zugewiesenen Toren in der Handhabung ihrer Waffen. Sie bestanden vorwiegend in der Handhabung und Führung von Schwertern, Piken und Speeren oder in zurechtgemachten Gabeln. Unter diesen jungen Leuten herrschten mutiger Kampf- und Siegeswille.

Die ersten Einheiten Tillys schienen bemüht zu sein, eine günstige Stellung für ihre Kanonen zu finden. Offensichtlich waren sie mit den gegebenen Bedingungen aber unzufrieden. Sie rückten mit ihren Kanonen und Geräten immer hin und her. Entweder war die Entfernung zu groß für die Reichweite ihrer Kanonen oder sie fanden für sie keinen ausreichenden festen Boden.

Dann schien es, als würden sie versuchen, in entsprechender Stadtnähe geeignetes Gelände zu finden. Aber schon nach wenigen Versuchen machten sie auch dort wieder kehrt. Offenbar gelang es ihnen nicht, für die schweren Kanonen einen geeigneten festen Standort zu finden. Andere Truppenteile versuchten, das sumpfige Gelände vor der Stadt zu überwinden, um sie in breiter Front zu erstürmen. Aber auch diese Truppen gaben die Versuche, in die Nähe der Stadt zu gelangen, bald wieder auf. Erst nach mehreren ergebnislos verlaufenden Bemühungen, sah sich Tilly dann offenbar doch veranlasst, seine Angriffsabsichten aufzugeben.

Für die Neubrandenburger, die diese Versuche aus respektvoller Entfernung verfolgt hatten, wurden die Bemühungen der Angreifer zunehmend zu einem eher belustigenden Schauspiel. Vor allem aber festigte sich das Vertrauen in die Wehranlage ihrer Stadt.

Am nächsten Morgen stellten sie fest, dass der größte Teil der Tillyschen Truppen ihre Positionen geräumt hatte und in südliche Richtung abgezo-

gen war. Aufklärungskräfte der Stadt hatten nach dem Abzug der Tillyschen Truppen festgestellt, dass auch in der weiteren Umgebung keine katholischen Truppen mehr auszumachen waren.
Unter den Verteidigern der Stadt verbreitete sich schnell eine freudige, euphorische Stimmung. Man fühlte sich zunehmend sicherer und ging bald wieder den geregelten Tagesabläufen nach.
In diesen Tagen bewegte sich von Norden her eine schwedische Heereskolonne von etwa 2000 Mann, die unter dem Befehl von Generalmajor von Kniephausen stand, auf Neubrandenburg zu. Wenige Kilometer vor der Stadt hatten sie Marschpause gemacht und biwakiert. Zu dieser Zeit war auch König Gustav Adolf bei der für die Belagerung der Stadt vorgesehenen Einheit. In den strategischen Plänen des Königs kam der Lage der Stadt Neubrandenburg für die Absicherung der südlichen Regionen Mecklenburgs große Bedeutung zu.
Man hatte einen Aufklärungstrupp vorausgeschickt, der die Lage in der Stadt und in ihrer Umgebung sondieren und zugleich den Zugang zur Stadt erkunden sollte.
Mit jedem Kilometer, dem sie der Stadt näher kamen, stellte sich bei Johann eine Unruhe ein, die ihm ungewohnt war und die er kaum zu beherrschen wusste. Es war vor allem das erhoffte Wiedersehen mit seiner Maria und seiner Mutter, aber auch, das bevorstehende Wiedersehen mit seiner Heimatstadt, deren Atmosphäre er seit Jahren vermisst hatte. All' das löste eine Vorfreude aus, die er sich in all' den Jahren immer wieder erträumt hatte und die jetzt möglich zu werden schien.
Alle wirren Vorstellungen und Gedanken schossen ihm durch den Kopf. In Gedanken versunken, den Blick nach vorne auf St. Marien gerichtet, erschrak Johann, als sein Capitain plötzlich neben ihm stand und ihn ansprach.
„Nah? Wagner, schon ein wenig aufgeregt?" hörte er die Stimme seines Vorgesetzten, wie aus einer anderen Welt.
„Ja, Herr.... es sind immerhin fast vier Jahre her. Inzwischen kann eine Menge passiert sein. Ich würde mich freuen, meine Mutter und meine Braut gesund wieder zu sehen."
„Wir werden ja sehen, Wagner, wie sich die Dinge dort anlassen. Zunächst müssen wir erst einmal ankommen. Wollen wir nicht hoffen, dass wir unseren Zutritt erzwingen müssen!?"

„Neubrandenburg ist protestantisch und hat sich auch den Katholiken unter Wallenstein widersetzt", glaubte Johann seinen Optimismus unterstreichen zu müssen, wenngleich seine Behauptung nicht so ganz richtig war. Die Aufklärung hatte zwar ergeben, dass katholische Einheiten in den letzten Wochen in der Nähe operiert hatten, deren gegenwärtiger Aufenthaltsort aber nicht bekannt war. Das konnte sich in diesen Zeiten aber schnell ändern.

❧

Sie hatten einen kleinen Bach überquert, der aus östlicher Richtung kam und nun dem Urstromtal gen Norden entlang floss. Das müsste die Datze sein, die Johann von seinen Streifzügen in seiner Jugendzeit noch gut in Erinnerung hatte. Ein eigenartiges Gefühl befiel ihn. Alles in ihm jubelte. Vor ihm lag seine Heimatstadt, nach der er sich in all den Jahren gesehnt hatte. Eigentlich hatte er erwartet, dass sie ihn genauso herzlich und freudig empfangen würde wie er sie. Aber das war weit gefehlt. Sie lag da, ohne jede Bewegung, die Tore fest verschlossen und abweisend, wie eine Burg, die zur Abwehr bereit war.
Die gewaltige Kolonne hatte fast die Stadtgrenze erreicht.
Niemand zeigte sich.
Das mächtige Friedländer Tor mit dem Zingel davor wirkte eher bedrohlich und abweisend. Zunächst war nicht zu erkennen, dass Neubrandenburg die schwedischen Truppen willkommen heißen würde. Die Schweden hatten zum Teil bereits Angriffsstellung bezogen und damit auch die Größe der Armee erkennen lassen. Das hatte die Stadtväter offenbar veranlasst, Verhandlungen für den Zugang anzubieten. Erst nachdem die Bedingungen und Kosten für den Zugang zur Stadt ausgehandelt waren kam Bewegung auf. Das mächtige eisenbeschlagene Tor öffnete sich und wurde von einigen Männern langsam in eine Position geschoben, was einen Zugang ermöglichte und als Zeichen des Willkommens gemeint sein konnte.
In dem geöffneten Tor zeigten sich Abgeordnete der Stadt. Einige hatten ihre Ornate angelegt womit offenbar ausgedrückt werden sollte, dass die Ankömmlinge willkommen sind. Freundliche Mienen und Worte unterstrichen das.
Der von General von Kniephausen befehligte Truppenteil formierte sie wieder zu einer Marschkolonne und setzte sich in Bewegung.

Wie zu erwarten war begrüßte nun auch die Neubrandenburger Bevölkerung, den Zugang der schwedischen Truppen. Sie sahen in ihnen einen im gemeinsamen Glauben verbündeten Partner. Vor allem aber hofften sie, dass die Schweden sie vor der als Mordbrenner verschrienen katholischen Soldateska beschützen würden.
Die schwedischen Truppen wurden auf Schwerpunkte verteilt, von denen man glaubte, gegnerische Angriffe erwarten zu können. Das waren vor allem die vier Tore und die Wiekhäuser, die sich in ihrer Nähe befanden. Wenn auch der größte Teil der schwedischen Soldaten in Zelten und in den Torhöfen untergebracht war, wurde es eng in der Stadt.
Die etwa 3000 Einwohner wurden von einem Tag zum anderen um 2.000 schwedische Soldaten verstärkt. Das musste Probleme geben. Dennoch verlief alles harmonisch und in Ruhe.
Eine eher freundschaftliche Verbindung hatten die Angehörigen der jeweiligen Zünfte mit den schwedischen Soldaten schon gleich nach deren Eintreffen geschlossen.
Als der Abend des ersten Tages herangerückt war, entstanden an Konzentrationspunkten Feuer, an dem die schwedischen Soldaten zusammen mit den jeweiligen Angehörigen der Zünfte biwakierten. Sie verständigten sich trotz der unterschiedlichen Sprache und stellten erfreut fest, dass sich so manche plattdeutschen Begriffe mit der schwedischen Sprache ähnelten und nahmen dann Hände und Gesten zu Hilfe um sich verständlich zu machen. Getragen von der Siegesgewissheit und der Überzeugung, dass keine Macht der Katholiken ihnen gewachsen sei, entstanden bald Szenen der Verbrüderung.

❧

Das Fähnlein unter dem Kommando von Capitain Pflug war im Friedländer Tor und den sich in der Nähe befindlichen Wiekhäusern untergebracht.
Johann saß um eines der Feuer im Innenhof. Er hatte sich noch nicht getraut, seinen Vorgesetzten schon gleich am ersten Abend um Ausgang zu bitten. Er konnte aber an nichts anderes denken, als an seine Mutter und den Wunsch seine Maria wieder in die Arme zu nehmen. Er vertraute einfach darauf, dass sein Capitain seine Probleme ja kennt und von sich aus reagieren würde. Langsam verlor er die Hoffnung und sagte sich, dass es ja nicht bereits am ersten Abend sein müsse. Er war gerade damit beschäftigt, ein neues Holz-

scheit auf das Feuer zu legen, als er die Ordonanz des Capitains rufen hörte: „Wo ist Wagner, ...Wagner?“ schrie er, als sei etwas ganz Dringendes zu erledigen.

Johann meldete sich.

„Du sollst gleich zum Capitain kommen!“

Johann warf das Holzscheit auf das Feuer und kümmerte sich nicht mehr darum, ob es den richtigen Platz gefunden hatte. Er wusste ja, dass für ihn wirklich etwas viel Dringenderes anstand. Er trat in die Kammer des Capitains und strahlte ihn ganz unvorschriftsmäßig und erwartungsvoll an. Capitain Pflug gab seiner Ordonanz ein Zeichen, dass sie nicht mehr benötigt wurde. Dann wandte er sich Johann zu.

„Wieweit haben sie's denn bis zu ihrer Familie?“

„Hier gleich um die Ecke. Vielleicht 200 Meter.“

„Sie melden sich aber in drei Stunden zurück. Und noch eines. Das ist eine Vereinbarung zwischen uns beiden. Das sollten sie nicht breittreten. Sonst kann ich mich vor Ausgangsgesuchen nicht retten und habe im Ernstfall keine Soldaten zur Verfügung, wenn es plötzlich nötig ist“, meinte er schmunzelnd.

Für den Posten vor dem Lager schrieb Captain Pflug:

„Kann passieren!“ und unterschrieb den Zettel.

Dass Einquartierung der Schweden erfolgt war, hatte sich in der Stadt wie ein Lauffeuer herumgesprochen. Überall an den Lagerfeuern fanden sich Schaulustige ein. Die schwedischen Soldaten schienen ihnen wie Helfer aus einer dritten Welt, die nicht nur anders gekleidet waren, sondern vor allem auch „unverständlich“ sprachen.

Auch Katherina und Maria hatten von der Einquartierung gehört. Sie konnten es zunächst gar nicht fassen und schien ihnen nur ein Gerücht zu sein. Sie hatten sich auf den Weg gemacht, sich noch am Abend bei einem Spaziergang selbst davon zu überzeugen. Sie musterten jeden Soldaten. So unsinnig wie es ihnen selbst erschien, hofften sie doch, eventuell auch Johann unter ihnen zu finden.

„Wenn es Gott schon möglich gemacht hat, uns die Schweden zu schicken, dann müsste es ihm doch auch gefallen haben, es so einzurichten, dass auch unser Johann dabei ist“, meinte Katherina. Maria schmunzelte.

„Das wäre vielleicht doch zu viel verlangt“, antwortete sie. „Aber ausgeschlossen wäre das ja nicht“, ergänzte sie dann.

Es dunkelte bereits. Beide Frauen hatten die Hoffnung schon aufgegeben, dass auch Johann bei der schwedischen Besatzung sein könnte, und waren sich darin einig, dass ein solcher Wunsch doch wohl zu abwegig war.
Inzwischen, es war stockfinster in der Stadt, passierte Johann die Wache des Lagers und zeigte dort seinen Ausweis vor. Nachdem der schreibkundige Vorgesetzte des Postens die Richtigkeit bestätigt hatte, durfte Johann passieren und den Truppenbereich verlassen.
Nach wenigen Augenblicken hatte Johann das Haus seiner Mutter erreicht. Das Herz klopfte ihm bis zum Hals. Er pochte leise an der Haustür. Nichts rührte sich. Er klopfte ein zweites und ein drittes Mal und pochte dabei immer etwas stärker. Dann hörte er, dass sich im Flur jemand bewegte und wahrscheinlich an der Tür lauschte.
„Das bin ich, Johann", sagte er in einer Lautstärke, die nur der Lauschende hinter der Tür verstehen konnte.
Katherina fasste sich an die Brust, wandte sich Maria zu, die hinter ihr stand und schrie vor ungezügelter Freude:
„Das ist Johann!"
Sie hatte vor Aufregung Mühe, die Schlossvorrichtung zu öffnen.
„Der Herrgott hat unseren Wunsch doch erhört", rief sie und fiel ihrem Sohn um den Hals. Maria trat dazu, so dass sie sich alle drei in den Armen lagen. Sie ließen den Freudentränen freien Lauf. So standen sie schon eine ganze Weile und schwiegen. Ihnen fehlte es immer noch an Stimme. Jedes Wort der Freude, wäre ja ohnehin viel zu banal gewesen, um das auszudrücken, was sie in diesem Augenblick empfanden.
„Lasst uns doch ins Zimmer gehen", forderte Katherina schließlich. Eine alte Öllampe spendete dort nur ein diffuses Licht. Katherina entzündete eine zweite Lampe und meinte:
„Damit wir uns überhaupt erkennen können", und musterte ihren Sohn in der ungewohnten Verkleidung.
„Wie lange bleibt ihr denn hier in Neubrandenburg", wollte Maria wissen. Das interessierte sie sicher wohl auch aus dem Grunde, um zu hören, ob vielleicht auch etwas Zeit für eine Zweisamkeit bleibt.
„Wie lange unsere Truppe hierbleibt, hängt davon ab, wie der Kampf verläuft. Die Stadt nimmt hier für die Truppenführung wohl eine wichtige strategische Position ein ...", und an Maria gewandt ergänzte er:
„Heute habe ich nur drei Stunden frei und muss mich dann gleich wieder

zurückmelden. Ich hoffe aber, dass ich die nächsten Tage häufiger und länger kommen kann."

Damit war dann wohl auch Marias, zwar nicht ausdrücklich gestellte, aber sicher doch gemeinte Frage hinreichend beantwortet. Wie es von fürsorglichen Müttern wohl immer zu erwarten ist erkundigte sich Katherina:

„Was kann ich dir denn anbieten? Du siehst mir abgemagert aus, Junge. Kriegt ihr denn auch genug zu essen?"

„Natürlich kriegen wir genug. Aber ein hausgemachtes Spiegelei mit Speck und Zwiebeln hatte ich lange nicht".

Während Katherina das Essen zubereitete, kuschelte sich Maria an Johann. Der wurde aber fortwährend von seiner Mutter aufgefordert, zu erzählen, wie es ihm in der Fremde ergangen sei. Seine Schilderung dauerte seine Zeit, bis er dann seine Fragen anbringen konnte, wie es denn der Mutter und seiner Braut ergangen sei.

Damit war man bei einem Thema, das nicht ohne eine gewisse Brisanz war, die gleich zu Beginn ausgeräumt werden sollte. Darin waren sich beide Frauen einig.

„Ja, Johann, was ich gleich am Anfang klarstellen möchte und was ich dir erklären muss, ist eine Geschichte, für die, so hoffe ich, nur du Verständnis hast."

Johann sah gespannt auf und schaute Maria erwartungsvoll an und legte seine Hand auf Marias Unterarm, um sie zu ermuntern.

„Was gibt es denn so Spannendes?"

Jetzt wo sie Johann gegenüber saß, überwältigte sie die Reue für das Geschehene in einem Maße wie sie das zuvor nicht für möglich gehalten hätte. Maria wollte es nachsichtig und verständnisvoll anbringen, was ihr vollständig misslang. Denn sie platzte es einfach heraus:

„Ich bin verheiratet ...".

Sie wollte die Erklärung gleich mit einer Rechtfertigung verbinden, was aber ihr plötzlich aufkommendes Schuldgefühl nicht zuließ.

„Was bist du? Mit wem denn?" fragte Johann und zog seine Hand zurück und schien die Welt nicht zu verstehen.

„Mein Vater hat von mir verlangt, Wilhelm, den Sohn unseres Nachbarn zu heiraten und die gemeinsame Viehwirtschaft zu übernehmen."

Wieder verlor Maria ihre Fassung und verbarg ihr Gesicht in beiden Händen und schluchzte. Unter Tränen brachte sie hervor ohne Johannes Reaktion zu sehen:

„Da ist doch nie etwas zwischen uns gewesen und als er es vor Wochen einmal versucht hat, hab' ich mich einfach zu Katherina gerettet".

Johannes hatte sich erhoben, nahm die Hände von ihrem Gesicht und umarmte sie:

„Sag' mal mit deinem Spielfreund, Wilhelm, bist du tatsächlich verheiratet, was ihr früher schon als Kinder oft gespielt habt? Das führte doch Dein Vater, dieser Spekulant, schon immer im Schilde. Er hat es also durchgesetzt, um sich damit den Nachbarshof einzuverleiben".

Maria hörte diese Frage ihres Johann wie im Trance und nickte zustimmend bis sie begriff, dass Johann die Heirat nicht ernst genommen hat.

Sie hob den Kopf und sah Johann mit Tränen verschmiertem Gesicht an, das erwartungsvolle Freude aber auch Zweifel und Reue zugleich ausdrückte.

Johann nahm sie in den Arm drückte sie und schüttelte sie hin und her während sie das Gesicht in seine Schulter drückte.

„Wie konntest du glauben, dass ich dir so eine von deinem Alten aufgezwungene Sache übelnehmen würde. Ich weiß doch, dass dein Vater seine eigene Tochter verkaufen würde, wenn es ihm Gewinn bringt. Und dass du dich jemals mit dem Wilhelm, einlassen würdest, der einfach nicht ernst zu nehmen ist, weiß doch jeder."

Während er das sagte, sah er fortwährend zu seiner Mutter, die zustimmend nickte und nun auch Tränen bekam, weil sie sich unendlich freute, sie beide so vereint zu sehen.

Dann nahm Johann wieder das Wort. Ihm war eine Textstelle aus Marias Brief eingefallen, die er sich nicht erklären konnte und sich daher erkundigte:

„Sagt doch einmal ihr beiden, das ist wohl die Überraschung, die ihr mir in dem Brief angekündigt hattet und jetzt offenbaren wolltet?"

Maria und Katherina lächelten sich zu und verständigten sich mit Blicken, was jetzt geschehen sollte. Maria ging wortlos die Stiege hinauf, die zu dem Zimmer führte, in der sie und ihr Sohn wohnten und schliefen.

Hanning schlief fest und war bei dem ganzen Geschehen nicht einmal wach geworden. Maria stand vor seinem Bett und war so aufgewühlt, dass sie sich erst wieder fangen musste. Denn das, was sie jetzt vorhatte, würde sie wieder in eine Stimmung versetzen, die man nicht mit Worten ausdrücken kann.

Sie versuchte den Kleinen vorsichtig wach zu machen, um ihn anzukleiden und mit hinunterzunehmen. Allein das und die Vorahnung darauf, was

gleich geschehen würde, trieb ihr immer wieder die Tränen in die Augen, Tränen einer vorahnenden Freude.
Der Kleine sah seine Mutter verstört und fragend an. Er hatte eine böse Vorahnung und erkundigte sich bei seiner Mutter:
„Warum weinst du Mama. Ist wieder was Böses geschehen?"
Maria schüttelte den Kopf und meinte.
„Nein, aber etwas ganz, ganz Schönes."
Der Kleine sah sie überrascht an.
„Was ist denn das Schöne", wollte er wissen.
„Du hast jetzt einen Papa, den will ich dir zeigen möchte."
Der Kleine hatte seine Zweifel, ließ aber die ganze Prozedur über sich ergehen und wird dabei an irgendein Geschenk, eine Puppe oder so etwas gedacht haben, die seine Mutter für ihn besorgt haben wird.
Dann stiegen beide die Stiege wieder hinab.
Im Halbdunkel sah Johann den kleinen Jungen auf sich zukommen, der sein junges Ebenbild war.
Nun hatte es Johann erwischt. Er schlug sich beide Hände vor's Gesicht, ging auf die beiden zu und kniete vor dem Kleinen nieder. Er hatte keine Fragen und war nur voller freudiger Dankbarkeit. Er drückte seinen Sohn an die Brust und senkte sein Gesicht in dessen kleine Schulter. Dann hörte er ihn mit glockenheller Stimme fragen:
„Bist du mein Papa? Und bleibst du jetzt immer bei mir?"
Johann hatte keine Stimme mehr und auch Maria und Katherina standen ringsherum und rangen mit sich, Haltung zu bewahren. Der Kleine sah fragend in die Runde von einem zum andern. Er konnte die Großen einfach nicht verstehen, dass sie Tränen vergießen und sich dabei auch noch freuen konnten. Das wollte einfach nicht in seinen kleinen Kopf.
Der Kleine ließ seinen Papa nicht mehr los, als wollte er verhindern, dass sein Vater ihn wieder verlässt. Alle wunderten sich, dass ein kleiner Junge von knapp drei Jahren so tief mitempfinden und Stolz und Freude empfinden konnte.
Es wurde ein Abend, der in dieser schweren Zeit alle mit Freude und Zuversicht erfüllte, die lange und nachhaltig währen würde. Sie waren alle so voller Dankbarkeit, dass sie das vor der Verabschiedung Johanns noch ausdrücken wollten. Katherina schlug vor, Gott zu danken. Alle erhoben sich, der kleine Hanning zwischen seinen Eltern. Sie fassten sich an und sangen:

Nun danket alle Gott mit Herzen, Mund und Händen,
der große Dinge tut an uns und allen Enden,
der uns von Mutterleib und Kindesbeinen an
unzählig viel zu gut und noch jetz und getan.

Die Turmuhr hatte das Ende der dritten Stunde des Ausgangs geschlagen, als alle vor die Tür traten, um Johann zu verabschieden. Der Mond war inzwischen bereits aufgezogen und spendete so viel Licht, dass sie Johann noch lange mit Blicken begleiten konnten.

Johann drehte sich immer wieder um und winkte seiner Familie zu. Er war erfüllt von einem unbeschreiblichen Glücksgefühl, dass er in diesem Maße noch nie empfunden hatte. Immer noch hörte er die Frage seines kleinen Sohnes bei der Verabschiedung:

„Pommst du auch bestimmt wieder?"

Sein Vater hatte die Frage bejaht. Dabei war ihm aber der Gedanke gekommen, dass sich die Frage sicherlich nicht nur auf den nächsten Tag, sondern auch darauf bezog, die Wirren dieser Zeit zu überstehen, um für immer bei ihm bleiben zu können.

Diese Überlegung nahm Johann voll in Anspruch. Er fühlte sich jetzt als Familienvater in einer ganz besonderen Verantwortung, für seinen kleinen Sohn und für seine Familie da zu sein. Für sie zu sorgen, für sie eine glückliche und friedvolle Zukunft zu erkämpfen und sich dabei nicht zu schonen.

Johann meldete sich vorschriftsmäßig bei seinem Capitain zurück. Er trug dabei seine freudige Stimmung zur Schau, so dass sich sein Capitain die Frage, wie es gewesen sei, eigentlich hätte ersparen können. Das sagte der dann auch. Johann bejahte die Frage seines Chefs, um sie zu begründen. Voller Stolz verkündete er:

„Ich bin Vater. Mein Sohn ist schon drei Jahre alt!"

„Da gratuliere ich ihnen, Wagner."

Nach einem Augenblick fügte er dann hinzu:

„Wenn es so ist, dann muss der Kleine doch auch das Gespür dafür kriegen, wie es ist, mit einem Vater und einer vollständigen Familie zusammen zu leben."

Johann horchte auf. Und bevor er sich in den Sinn dieser Bemerkung richtig vertieft hatte, hörte er seinen Capitain sagen:

„Wenn unsere Späher die nächsten Tage keine feindliche Gruppierung in der Nähe ausmachen, könnten wir es riskieren, dass sie bei ihrer Familie übernachten."

Johann befiel ein Glücksgefühl, das ihn, entgegen aller militärischen Unterordnung, beinahe dazu verleitet hätte, seinem Capitain per Handschlag zu danken. Sein Vorgesetzter hatte dieser außergewöhnlichen Ausgangsregelung hinzugefügt, dass Johann es als Anerkennung für seine Disziplin und seine Einsatzbereitschaft verstehen solle. Capitain Pflug hatte das mit seiner Erwartung und Überzeugung verbunden, dass er sicher sei, dass Johann sich dieses Vertrauen auch in Zukunft würdig erweisen würde.
Diese Nachricht hatte am nächsten Abend in seiner Familie einen Begeisterungssturm ausgelöst, die sie bei Wein und einem Festessen feierten.
Die neue Ausgangsregelung führte nun unverhoffterweise doch zur Erfüllung des von Maria verdeckt geäußerten Wunsches, dass auch Zeit für eine Zweisamkeit gegeben sein möge.
Während Katherina ohne weitere Erklärung noch am gleichen Abend die Schlafgelegenheiten im Hause neu regelte und sie für Maria und Johann im unteren Bereich einrichtete, lief die ganze Prozedur unter lauthalsigem Protest des kleinen Hanning.
Er wollte unbedingt auch bei seinem Papa schlafen und hatte überhaupt kein Verständnis dafür, dass es nur die Mama durfte. Schließlich fand man aber eine Reglung, die zeitweise beiden Wünschen, sowohl der Mama als auch dem Kleinen entgegenkam.
Aber damit war das Problem noch nicht völlig bereinigt.
Schon während der Nacht, nachdem man den Jungen schlafend wieder zur Oma gebracht hatte, wurde er nach einer Weile plötzlich wieder unsanft geweckt. Schuld daran war Maria, seine Mutter. Sie hatte ihren Gefühlen lauthals nachgegeben, die kräftig und nachhaltig gewesen sein musste. Die Oma des Kleinen hatte alle Mühe ihm auszureden, dass seiner Mutter etwas Böses geschehen sei und glaubte, dass seine Oma geflunkert hatte. Sie hatte zu tun, ihm einzureden, dass seine Mutter nur etwas Angenehmes, so etwas wie Freude empfunden hätte. Die Tage und Nächte vergingen und auch Hanning hatte sich daran gewöhnt, wie die neue Schlafordnung ablaufen würde.
Johann und Maria hatten sich ausführlich darüber verständigt, wie sie nach den kriegerischen Verhältnissen ihre Zukunft gestalten und wo sie ihren Wohnsitz nehmen wollten. Für den Fall, dass sich die Verhältnisse zuspitzen und keine Verständigungsmöglichkeiten bestehen, sollte Maria immer versuchen, eine schwedische Diensteinheit der Armee zu erreichen. Zu dem Zweck gab er ihr den Namen seiner Diensteinheit und nannte den verantwortlichen

Kommandeur, Generalmajor Dodo von Kniephausen. Man würde ihr dort immer helfen und ihr auch Auskunft über seinen Aufenthalt geben.

❧

Eines Tages, es war der 7. März 1631 erschien Johann bereits mittags das letzte Mal in aller Eile im Hause seiner Mutter. Es ging ihm darum, seiner Familie mitzuteilen, dass er die nächsten Tage nicht mehr damit rechnen könne, Ausgangsurlaub zu erhalten. Das würde, so erklärte er, damit zusammenhängen, dass man in der Nähe wahrscheinlich katholische Truppeneinheiten festgestellt habe, deren Absichten bisher noch unklar seien.
Sobald es möglich sei, wieder Ausgangsurlaub zu bekommen, würde er sich melden.
Alle drei verabschiedeten Johann mit einem sichtbar unguten Gefühl. Wenngleich nicht abzusehen war, was geschehen wird, drängten sich doch düstere Gedanken auf, die die Verabschiedung schwer machten. Sie fragten sich, ob es lange dauern würde, bis man wieder beisammen ist oder ob es gar das letzte Mal gewesen sei. Niemand wagte es auszusprechen und doch dominierte dieser Gedanke bei allen.
Selbst der kleine Hanning blieb davon nicht unberührt. Auch auf ihn hatte sich diese dunkle, bedrückende Stimmung übertragen, die sich in seinem Wunsch äußerte, als er seinem Vater für alle überraschend hinterherrief:
„Pomm' bald wieder Papa!"
Seine Mutter und seine Oma fühlten sich durch diesen impulsiven Wunsch des Kleinen so gerührt, dass sie wieder um Haltung rangen.

❧

Die von der schwedischen Kampfeinheit vorgenommenen Aufklärungen hatten ergeben, dass Tilly doch nicht, wie erhofft, mit seiner 18.000 Mann starken Armee gen Süden abgezogen war. Er hatte nur ein großes Täuschungsmanöver unternommen. Die Enttäuschung war groß in der Stadt. Nach einigen Tagen der Ruhe und der Hoffnung breitete sich nun wieder Unruhe und Unsicherheit aus. Wie festgestellt wurde, hatte Tilly mit seiner Armee in einem großen Schwenk die Burgen der Protestanten in Strelitz und Feldberg erobert und dann mit seiner Armee in der Burg Stargard Quartier bezogen.

Aus militärstrategischer Sicht muss damit gerechnet werden, dass Tilly mit diesem Schwenk und den Eroberungen zunächst nur sicherstellen wollte, bei seinem vorgesehenen Angriff auf Neubrandenburg den Rücken frei zu haben. Das ließ darauf schließen, dass er die Erstürmung und Eroberung Neubrandenburgs fest in seinem Plan hatte. Dabei ging es ihm vor allem darum, die Strategie des Schwedenkönigs, Gustav Adolfs, zu durchkreuzen mit der Besetzung der Stadt eine Bastion gegen südliche Regionen zu haben.
Aus der Marschrichtung der Tillyschen Armee war zu entnehmen, dass er nunmehr seinen Angriff auf Neubrandenburg aus der nord-östlichen Richtung vornehmen wollte.
Er hatte trotz der in diesem Krieg üblich gewordenen rüden Vorgehensweise, die Stadt und den schwedischen Generalmajor von Kniephausen zunächst aufgefordert, Neubrandenburg kampflos zu übergeben.
Im Vertrauen auf die Kampfbereitschaft seiner Bevölkerung und der Besatzung sowie in der Gewissheit, dass man über eine völlig intakte stabile Wehranlage verfügt, hatte man dieses Ansinnen Tillys zurückgewiesen.
Wie sich später zeigen sollte, hatte diese Zurückweisung bei der Tillyschen Heeresführung Frust und Vergeltungssinn ausgelöst, der dann in einer besonders brutalen Vorgehensweise seinen Ausdruck finden sollte.

6. Der Sturm bricht los

In der Stadt entwickelte sich seit den Meldungen über einen bevorstehenden Angriff Tillys eine Hektik, wie sie sich zuvor noch nie gezeigt hatte. Das hatte seine Ursache vor allem darin, dass die Bedrohung weit ernster genommen werden musste als bisher. So wusste man von der Größe der Riesenarmee Tillys, seiner brutalen Vorgehensweise und der Rücksichtslosigkeit, die ihm nachgesagt wird. Dass Tilly sich diesmal auf eine längere und größere Auseinandersetzung vorbereitet hatte, ging allein schon aus der Art hervor, wie er sich mit seiner Truppe der Stadt näherte.

Man sah vom Neuen Tor aus und den Wiekhäusern, die sich in der Nähe des Tores befanden, dass er mit der ganzen Breite der Armee bis auf wenige hundert Meter an die Stadt herangerückt war. Dort wurde geschanzt und gegraben. Offenbar hatte er vorgesehen, dort seine schweren Kanonen in Stellung zu bringen.

Wenige hundert Meter in östlicher und südöstlicher Richtung außerhalb der Mauer befanden sich die Katharinen- und die Gertraudenkapelle. Von den Wiekhäusern und Stadttoren aus waren sie gut einzusehen.

Beobachter mussten von hier aus mit ansehen, mit welcher offen zur Schau gestellten Mordorgie gegen die völlig unbewaffneten Bürger außerhalb der Stadtmauern vorgegangen wurde. Offenbar sollte das demoralisierend auf die Bürger der Stadt innerhalb der Mauern wirken.

Die Katharinen- und auch die Gertraudenkapelle wurden bis auf die Grundmauern niedergebrannt. Wer sich den Brandstiftern entgegenstellte, wie die protestantischen Mönche oder auch einzelne Anwohner wurden rücksichtslos brutal niedergemacht. Die katholische, tillyische Soldateska kannte weder Erbarmen noch Rücksicht. Sie verschonte weder Greise, Frauen noch Kinder. Während die Tillytruppen die Gertrauden- und Katharinenkapelle völlig zerstörten, ließen sie die dritte Kapelle außerhalb der Stadt, die Kapelle St. Georg aber unberührt. Dort in der Kapelle St. Georg, wurden nach wie vor immer noch einzelne Pestkranke behandelt und versorgt.

Seine Armee, die sich in der ganzen Breite von der nordöstlichen bis zur südöstlichen Seite der Stadt genähert und sie bedroht hatte, mied daher die gesamte nördliche Sphäre der Stadt, wo sich auch die Kapelle St. Georg befand. Tilly wie auch zuvor schon Wallenstein fürchteten wahrscheinlich, sich dort infizieren zu können und den Virus auf die Truppe zu übertragen.

Daher hatte Tilly, nicht nur die Kapelle mit ihren Einrichtungen großräumig umgangen, sondern ließ auch den dörflichen Gebäuden, die sich in der unmittelbaren Umgebung der Kapelle befanden, unbeschadet.
Das Schreckensbild, das die Zerstörung der Gertrauden- und Katharinenkapelle bot, verbreitete sich schnell unter der Bevölkerung und der schwedischen Besatzung. Ihnen wurde damit deutlich gemacht, welches brutale Vorgehen sie zu erwarten hatten, wenn es den tillyschen Truppen gelingen sollte, in die Stadt einzudringen und sie zu erobern.
So etwas hatten die Neubrandenburger noch nie gesehen und sich trotz vorausgegangenen Schreckensmeldungen nie so vorstellen können. Jetzt erlebten sie, in welche abscheulichen und grauenhaften Mordorgien sich Menschen in ihrem Wahn steigern können, die man vorher nicht für möglich gehalten hatte.
Die wachsende Sorge der Bürger der Stadt bestand darin, einem solchen Schicksal zu erliegen. Sie wussten aber auch, dass der beste Schutz darin bestand, ein Eindringen dieser Mordbande in die Stadt zu verhindern. Daher waren alle mit Feuereifer dabei, die Barrikaden der Stadt zu verstärken und alles für ihre Sicherheit zu tun.
Für den Fall, dass es dem Feind gelingen sollte, in die Stadt einzudringen, wollten sie Vorsorge dafür treffen, sich vor einer solchen entfesselten Mordbande verstecken zu können. So richteten sie in aller Eile alte zerfallene Gemäuer, Kellergewölbe oder Rüben- und Gemüsebunker her, in denen sie sich verbergen wollten. Viele Bürger vergruben Ersparnisse, Heiligenbilder und Wertgegenstände wie Schmuck, Bernsteinstücke oder auch Hacksilber an günstig scheinenden Stellen im Garten oder auch unter den vielfach mit Mauersteinen ausgelegten Fußböden. Auch eigene Senkbrunnen wurden genutzt, um Wertsachen unter Wasser zu verstecken.
Alle Wehreinrichtungen der Stadt waren Tag und Nacht besetzt. Die Eingänge durch die Tore wurden verbarrikadiert. Ein Durchkommen durch die Tore schien somit völlig unmöglich.
Das verstärkte unter der Neubrandenburger Bevölkerung das Sicherheitsgefühl, weil man sich nicht vorstellen konnte, dass sich eine Armee auch anderweitig Zugang zur Stadt verschaffen könnte.
Abgesehen von der Emsigkeit, mit der der Bau der Barrikaden erfolgte, herrschte Ruhe in der Stadt. Nur die Bürger, die militärisch vorgebildet waren und jene, die die Vielzahl der schweren Geschütze Tillys gesehen haben,

wussten, dass es die Ruhe vor dem Sturm war. Für die Masse der Bürger war es aber eine gespannte, trügerische Ruhe, die sie nur aus ihrer Unwissenheit heraus mit einer gewissen Gelassenheit hinnahmen. Das sollte sich bald ändern. Plötzlich zerriss ein ohrenbetäubender Knall die Stille, dann ein zweiter, ein dritter, bis es für eine Weile kein Ende nahm. Dann herrschte für kurze Zeit wieder Stille.

Die wenige hundert Meter vor der Stadt in Stellung gebrachten tillyschen Kanonen hatten das erste Bombardement veranstaltet. Es diente offenbar dazu, die Wirkung der Einschläge zu prüfen und die Kanonen entsprechend auszurichten.

Zwischen dem Neuen und dem Friedländer Tor waren einige katzenkopfgroße Eisengeschosse über die Mauer geflogen und hatten in einer Breite von etwa 50 Metern die Dachgeschosse der dahinter liegenden Wohnhäuser getroffen. Die Geschosse hatten erheblichen Schaden am Dachgebälk und auch an den Hauswänden angerichtet.

Vielen Bürgern der Stadt war der Schreck in den Leib gefahren.

Noch ehe man überhaupt begriffen hatte, was geschehen war und wie man sich das infernalische Knallen zu erklären hatte, schlug bereits die zweite Welle der Kanonade ein.

So etwas hatte bisher noch niemand erlebt. Man konnte sich weder die Wucht und Wirkung solcher Einschläge vorstellen noch hatte man eine Idee sich davor zu schützen.

Aber das völlig unbekannte Geschehen, ließ keine Zeit für Erklärungsversuche oder für irgendwelche Experimente. Man musste es hinnehmen und dabei lernen, ob und wie man dem ausweichen konnte.

Schon wieder begann das infernalische Bombardement. Dem mörderischen Knallen der abgefeuerten Kanonen folgten nach einem winzigen Augenblick das herannahende Pfeifen und Heulen der Geschosse und dann das krachende Einschlagen auf Dächern und Mauerwerk der Häuser. Aber jetzt waren schon mehr Geschosse an der Stadtmauer gelandet, von der sie abgeprallt und in den Wallgraben gerollt waren.

Diesmal hatte es aber auch unvorsichtige Bürger getroffen, die aus Unerfahrenheit in den bombardierten Häusern Schutz gesucht oder geblieben waren. Sie konnten sich einfach nicht vorstellen, was jetzt über sie hereingebrochen war. Einige Bürger waren durch herabfallendes Mauerwerk und zusammenstürzendes Gebälk verletzt worden. Sie rannten jetzt kopflos ins Freie, um

dem Knallen zu entgehen. Was sie auch unternahmen, dieser unvorstellbare Lärm verfolgte sie, dem sie einfach nicht entgehen konnten. Ältere Frauen irrten, die Hände zum Himmel gereckt und schrieen: „Das Armageddon, das Jüngste Gericht kommt über uns“. Andere fielen auf die Knie, jammerten oder beteten. Wieder andere rannten wie Irre schreiend durch die Straßen.
Das Intervall des Bombardements wiederholte sich in immer kürzeren Zeitabständen. Aus Sicherheitsgründen hatte man auch die in diesem Abschnitt eingesetzten Abwehrkräfte während des Beschusses wegbeordert. Man hatte aber bereits nach den ersten Minuten erkannt, dass einige Einsatzkräfte in unmittelbarer Nähe unten am Fuß der Mauer in Bereitschaft bleiben konnten. Das sollte aus dem Grunde geschehen, um in den zwischenzeitlich entstehenden Pausen des Beschusses eventuell entstandene Schäden auszubessern. Inzwischen hatte man bereits entsprechendes Werkzeug, Geräte und vor allem auch Leitern bereitgestellt, um an die Krone der Mauer zu gelangen.
In den ersten Stunden erwies sich ihr Einsatz allerdings als unnötig. Erst nach und nach zeigte sich, dass die Gefahr bestand, dass durch den ständigen Beschuss die Mauerkrone, langsam nachzugeben drohte und Risse entstanden waren. Da die Mauer oben wesentlich schmaler war, musste man damit rechnen, dass einzelne Mauerbrocken herausgesprengt werden. Die eingesetzten Kräfte hatten sich unten fest an die Mauer gedrückt und die Mauerkrone im Blick behalten. Wenngleich am ersten Tag nach dem Beschuss noch keine größeren Ausbesserungsarbeiten erforderlich waren, spürten die an der Mauer postierten Kräfte die wachsenden Erschütterungen bei jedem Einschlag immer deutlicher. Das war ein Zeichen dafür, dass die Stabilität der Mauer von Stunde zu Stunde nachließ und die Gefahr bestand, dass größere Mauerteile herausbrechen könnten.
Zunächst hatte man sich den Sinn dieses Beschusses, die dahinter stehende Absicht der Angreifer, nicht vorstellen können. Man glaubte, dass der Beschuss die Verteidiger verunsichern und demoralisierten sollte. Dass man die Stadt etwa durch die Mauer erstürmen könnte, hielten sie einfach für völlig unmöglich. Die ganze Verteidigungsstrategie der Stadt war darauf ausgerichtet, dass der Feind versuchen würde, durch die Tore in die Stadt zu gelangen. Erst ganz allmählich zog man in Betracht, dass Tilly versuchen könnte, die Mauer an einer bestimmten Stelle so weit zu zerstören, dass man durch eine Maueröffnung in die Stadt eindringen könnte. Die Verteidiger hielten das aber selbst nach dem ersten Tag des Bombardements immer noch für völlig

ausgeschlossen. Außerdem hätten Tillys Truppen ja auch den doppelten, mit Wasser gefluteten Wallgraben überwinden müssen. Sie schienen einfach darauf zu vertrauen, dass die Verteidigungsanlage insgesamt unüberwindlich sei. Daher tat sich seitens der Verteidiger vorher einfach nichts, um entsprechende Vorkehrungen zu treffen.
Die weit über einen Meter starke Mauer zeigte von der Innenseite keinerlei Wirkung, obwohl das Bombardement in immer kürzeren Intervallen fortgesetzt wurde. Man hatte sich langsam an den Beschuss gewöhnt. Das nährte die Hoffnung, dass Tilly den Beschuss wegen der sich zeigenden Erfolglosigkeit bald aufgeben würde. Das zog sich jetzt allerdings schon bis in den zweiten Tag hinein. Weder die vermeintliche Erfolglosigkeit noch der Mangel an Geschossen hatten Tilly veranlasst, den Beschuss einzustellen oder auch nur zu reduzieren.
Im Laufe des Tages hatten sich immer mehr Bürger eingefunden, um sich das Schauspiel aus gehörigem Abstand anzusehen. Die unten an der Innenseite der Mauer kauernden Männer waren immer mehr darauf bedacht, nicht von einzelnen herunterfallenden Mauerteilen verletzt zu werden.
Dann kam gegen Abend des zweiten Tages die Weisung, den Bereich während des unmittelbaren Beschusses zu verlassen, um durch die herabfallenden Mauerteile nicht verletzt zu werden. Mögliche Ausbesserungsarbeiten an der Mauer sollten in den entstehenden Pausen vorgenommen werden. Bald hatte sich aber gezeigt, dass sich quer durch den gesamten unter Beschuss stehenden Mauerbereich ein Riss entstanden war.
Am Abend des zweiten Tages entschloss man sich, zu versuchen, die beschädigte Mauer mit dem Mauerriss mit Eisenträgern und Balken abzudecken und die Mauer zu stützen. Das sollte während der Nacht geschehen, während der mit einer längeren Pause gerechnet wurde. Eisenträger und Balken wurden herangeschafft und bereitgelegt. Man erhoffte sich dadurch eine wirksame Stabilisierung der Mauer.
In allen Familien der Stadt herrschte gespannte Erwartung. Immer noch hoffte man, dass der Beschuss bald enden würde. Als das nicht eintrat und die Mauer kaum in dem erwarteten Maße stabilisiert werden konnte, blieb nur die Hoffnung darauf, dass die Tillyschen Truppen ihren Angriff abbrechen und aufgeben würden. Außerdem konnte man sich kaum vorstellen, dass eine ganze Armee die Stadt durch eine einzige Maueröffnung erstürmen könnte. Letztlich waren das aber nur einfache Kalkulationen für die keinerlei Erfah-

rungswerte vorlagen. Nur die größten Pessimisten hatten das in Betracht gezogen. So vertraute man einfach auf die Stabilität der Mauer und darauf, dass bestehende Abwehrkräfte in der Lage sein müssten das Eindringen der Angreifer in die Stadt durch eine Mauerlücke zu verhindern.

So ging der Beschuss weiter, gegen den man letztlich nur die herkömmlichen Mittel und die Hoffnung sowie das Vertrauen auf einen guten Ausgang zu setzen hatte.

Allmählich hatte man sich an die Situation gewöhnt, dass die Mauer dem Beschuss standhielt und die verhängnisvollen Risse gar nicht zu beurteilen waren. Bei den meisten Bürgern obsiegte die Hoffnung auf einen guten Ausgang. Einzelne Bürger und sogar ganze Familien machten sich auf den Weg, um sich das Spektakel aus respektvoller Nähe anzusehen. Zu sehen war zwar nicht viel mehr, als dass einzelne Geschosse immer einmal wieder über die Mauer flogen und Schäden an den dahinterstehenden Häusern anrichteten. Unheimlich wirkte immer das laute Zischen der heranfliegenden Geschosse und das Krachen mit dem sie auf das Gemäuer schlugen.

Bald hatten es auch die Jugendlichen für sich als ein neues Abenteuer entdeckt, um ihren Mut zu beweisen. In den kurzen Pausen rannten einige immer wieder bis an die Mauer und warteten dort die nächsten Salven ab. Dabei wagten sie sich immer weiter bis an den Bereich heran, der unter dauerndem Beschuss lag. Die Einsatzkräfte hatten bald immer nur damit zu tun, die jungen Burschen fortzujagen.

In einzelnen Gesprächsgruppen der Beobachter wurde oft viel darüber spekuliert, wie das Gefecht ausgehen würde. Ausgangspunkt jeder Erwägung war aber immer noch die Hoffnung und Erwartung, dass die Mauer stabil bleibt. Dabei war immer auch das Triumphierende herauszuhören, das darauf schließen ließ, dass man sich hinter der Mauer nach wie vor sicher und insofern auch dem Feind gegenüber überlegen fühlte.

Alle waren sich einig in der Ansicht, dass diese Art der Kriegsführung mit den weit reichenden Kanonen eine Wende in der bisherigen Kriegstaktik darstellt, auf die man sich erst einstellen und gegen die man entsprechende Abwehrstrategien entwickeln müsse. Bedauert wurde dabei, dass Städte wie Neubrandenburg über keine ausreichenden Mittel, für leistungsstarke Kanonen verfügen würden, mit denen man sich wirkungsvoll verteidigen könnte. So aber blieb nur die Hoffnung, dass der Angreifer, aus welchen Gründen auch immer, seinen Plan aufgeben müsse. Jeder hoffte und rechnete damit,

dass der Beschuss zumindest während der Nacht unterbleiben würde. In dieser Nacht, in der man mit längeren Pausen rechnete, sollten die Stützvorrichtungen der Mauer angebracht werden.
Die Stunden vergingen. Die Situation blieb die gleiche. Viele Stunden der Nacht hindurch dröhnten die Abschüsse und zischten die heranfliegenden Geschosse. Die Angreifer scheinen die Absicht der Verteidiger erahnt oder ihre Bemühungen entdeckt zu haben. Es war den Verteidigern einfach nicht möglich, die vorgesehenen Halterungen anzubringen. Die Geschosssalven erfolgten in immer kürzeren Zeitabständen und verhinderten schließlich die beabsichtigte Stabilisierung der Mauer.
An dem dritten Morgen des Beschusses hatten sich schon früh wieder einige Beobachter eingefunden. Der Anblick, der sich ihnen bot, war sehr deprimierend und mit ihm schwand auch die immer noch vorherrschende Hoffnung auf ein gutes Ende. Was sich allmählich änderte, war die Stimmung unter den Belagerten. Das ewige Knallen der Abschüsse, das allen schon den Schlaf geraubt hatte, zerrte an den Nerven. Man wurde pessimistischer. Urplötzlich glaubte man, gesehen zu haben, dass die Mauerkrone an einer Stelle verdächtig gewackelt hat. Beobachter, die näher standen, entdeckten dann, dass die Mauerkrone an der gleichen Stelle große Risse aufwies.
Die Nacht war vergangen ohne, dass eine wesentliche Stabilisierung angebracht worden war. Der Beschuss ging ohne größere Pausen weiter, sodass sich schon nach wenigen Augenblicken zeigte, dass die Bemühungen während der Nacht nahezu erfolglos waren.
„Die Mauer reißt“,
schrie jemand, der vorne an der Mauer postiert war.
Mit der Entdeckung und mit dem Schrei ging ein Schock durch die Reihen der Beobachter. Die hoffnungsvollen Beurteilungen waren urplötzlich verstummt. Alles starrte wie gebannt auf die beschädigte Mauerkrone, die immer häufiger und immer bedenklicher wackelte. Der Kreis der neugierigen Beobachter lichtete sich immer mehr und mit ihnen verschwand jetzt auch die Hoffnung auf einen guten Ausgang.
Alle Verteidigungspositionen waren nach wie vor voll besetzt. Nur der Abschnitt, der unter ständigem Beschuss lag, musste bald geräumt werden. Immer häufiger stürzten einzelne Mauerbrocken herunter. Die Versuche, die Schäden ausbessern zu wollen, wurden einfach sinnlos. Man hoffte, während der nächstfolgenden Nacht größere Pausen zu haben, während der

man eventuell Ausbesserungen vornehmen könnte. Aber auch diese Hoffnung erfüllte sich nicht. Man musste die wachsenden Schäden in der Mauer einfach hinnehmen.

Verdächtig war außerdem, dass Tilly bereits seine Truppen gleich hinter der doppelten Wallanlage konzentriert hatte. Es waren Tausende. Schließlich hatten einige Truppenteile unmittelbar an der Mauer Stellung bezogen, um bei ihrem Einsturz gleich in die Stadt zu stürmen.

Auf der Seite der Verteidiger erahnte man das zwar, hatte aber kaum Möglichkeiten, das zu verhindern. Man verstärkte zwar den bedrohten Verteidigungsabschnitt mit Einsatzkräften, die man aus anderen Bereichen abgezogen hatte, die aber im Ernstfall der großen Überlegenheit der Tillyschen Truppen nicht gewachsen waren. Ihnen blieb nur die Hoffnung darauf, dass die restliche Mauer halten würde, zumal der untere Teil wesentlich breiter und stabiler war. Die Risse im Mauerwerk waren bedrohlich größer geworden und ließen erahnen, dass sie die Vorboten einer Katastrophe sind.

In diesem Augenblick geschah es, dass aus der Mauerkrone durch den Beschuss ein riesiges Segment herausbrach. Ein Aufschrei ging durch die Beobachter.

Immer noch klammerten sich einige Beobachter an ein Fünkchen Hoffnung. Sie gründeten sie darauf, dass der untere Bereich der Mauer viel breiter und folglich haltbarer sei und nicht nachgeben würde. Hätten sie aber in Betracht gezogen, dass das aus dem oberen Teil der Mauer herunter gebrochene Gestein den Boden bereits auf der ganzen Breite aufgefüllt hatte, wäre ihr Urteil anders ausgefallen. Außerdem konnten sie nicht einsehen, dass Tillys Truppen von außen bereits großflächige Balkengerüste zur Überbrückung der Wallgräben und vor allem auch des noch bestehenden Mauerrestes vorgefertigt hatten.

Das würde ihnen ermöglichen, die noch bestehenden Hindernisse zügig zu überwinden und den Ansturm in einer gehörigen Breite mit immer größeren Truppenteilen vorzutragen. Aber immer noch stand eine Restmauer, an die sich alle Hoffnungen der Bürger klammerten.

Aber gegen Mittag des dritten Tages des ständigen Beschusses war es dann so weit. Wieder war ein riesengroßes Stück der Mauer herausgebrochen und hatte zusätzlich die mindestens 15 Meter breite Öffnung noch wesentlich vergrößert.

In dem Augenblick endete schlagartig der Dauerbeschuss. Und auch das letzte bisschen Hoffnung der Bürger.
Einzelne Betrachter, die immer noch die Wirkung des Beschusses an der Mauer beobachtet hatten, stürmten jetzt in eiliger Flucht davon. Die schwedischen Soldaten und die eingeteilte Neubrandenburger Bürgerwehr, die in den nahe gelegenen Wiekhäusern stationiert waren, hatten kaum die Maueröffnung erreicht, als sie auch schon von den weit überlegenen, nicht endenden Tillyschen Truppen förmlich überrannt wurden.
Die Verteidiger warfen sich mutig in den ungleichen, aussichtslosen Kampf. Es ergoss sich förmlich ein unübersehbarer Strom Tyllischer Söldner über die daran gemessenen wenigen Verteidiger. Sie wurden in den engen Gassen, die ihnen kaum eine Entfaltungsmöglichkeit boten, förmlich erdrückt und überlaufen. Daher war der Widerstand in diesem Bereich schon nach wenigen Augenblicken gebrochen. Für den Feind war der Weg frei, die Verteidiger in den Wiekhäusern und vor allem in den Toren von hinten anzugreifen.
Alle Wehranlagen der Stadt, die Wiekhäuser und vor allem auch die Tore mit ihren nach außen gerichteten Schutzmauern und Schießscharten und boten nach innen keinerlei wirksamem Schutz. Im Gegenteil, sie waren praktisch zu einer Falle geworden. Die so gefangenen Kämpfer konnten sich weder entfalten noch manöverieren oder ausweichen. Auch eine Flucht war nahezu unmöglich.
Schon bei der Erstürmung der niedergeschossenen Mauer zeigte sich, auf welche brutale Vorgehensweise sich die Verteidiger einzustellen hatten.
Die Angreifer hatten sich in einen Rausch, in einen mordgierigen Wahn gesteigert, der keine Grenzen kannte. Verteidiger, die sich ihnen in den Weg stellten, ob sie sich ergeben hatten oder nicht, wurden erbarmungslos niedergemacht. Selbst verwundete Kampfunfähige wurden entgegen aller gebotenen soldatischen Fairness grausam erdolcht. Was sich hier abspielte und sich fortsetzen sollte, war eine brutale Mordorgie der katholischen Heerscharen. Das erfuhren auch die schottischen, protestantischen Truppenteile der schwedischen Armee. Obwohl die Offiziere signalisiert hatten, sich ergeben zu wollen, wurde ihnen „Quartier“ (Gefangenschaft) verweigert. Die Schotten kämpften mit aller Verbissenheit, waren aber der Übermacht des Feindes einfach nicht gewachsen und fanden alle den Tod.
Die Verteidiger stellten sich todesmutig dem weit überlegenen Feind, der jetzt ohne jegliche Behinderung in die Stadt strömte.

Die in die Stadt eingedrungenen tillyschen Söldner nahmen sofort Kurs auf die bestehenden Konzentrationen der Verteidiger in den Toren. Auf dem Weg dorthin hinterließen sie eine Spur der Verwüstung. Einzelne Trupps schienen dazu abgestellt zu sein, dabei in den Häusern Verteidiger aufzuspüren. Sie verbanden das immer mit Plünderungen, Verwüstungen und Brandschatzungen. Was sich ihnen in den Weg stellte oder ihnen einfach nur in die Quere kam, wurde brutal niedergemacht. Häuser, die ihnen einträglich und von wohlhabenden Leuten bewohnt zu sein schienen und in denen sie glaubten, Beute machen zu können, wurden in einer wollüstigen Art geplündert. Was sie nicht gebrauchen oder mitnehmen konnten, wurde zerstört, zerschlagen oder zertreten. Danach wurden die Häuser in Brand gesetzt.
Schon standen nach kurzer Zeit viele Häuser in Flammen. Schreie und Flüche erfüllten die Stadt. Vereinzelt fielen Schüsse aus Musketen. Tillys Soldateska ließen jedes soldatische Ehrgefühl vermissen und führte sich in einer Art wolllustiger Mordbrenner auf. Sie kannten weder Erbarmen noch Rücksicht. Ihr Weg war übersät mit Leichen und abgehackten Gliedmaßen. Verwundeten, die nach Hilfe und Vergebung schrien oder um christliche Nächstenliebe baten, wurden skrupellos erdolcht. Wie sich zeigte, ließen sie ihre frenetische Wut besonders gegen protestantische Würdenträger aus, obwohl sie sich schizophrenerweise selbst als christliche Kämpfer ausgaben.
Das zeigte sich in ihrer Vorgehensweise besonders gegenüber den Mönchen des Franziskanerklosters, das sich in der Stadt befand. Die Söldlinge sahen in den Mönchen offenbar jene führenden geistigen Verfechter der protestantischen Religion, gegen die sie glaubten, mit besonderer Brutalität vorgehen zu müssen.
Als am dritten Tag des Beschusses einigermaßen vorauszusehen war, dass die Mauer einstürzen würde, hatte der Abt des Klosters entschieden, Wertgegenstände und den Bestand an Silberlingen unter dem Steinfußboden des Klosters zu verstecken und das Kloster gegen die Eindringlinge zu verteidigen. In der Annahme, dass man es mit Christenmenschen zu tun habe, glaubten sie offenbar, den Eindringlingen den Zugang allein mit ihren Körpern verstellen zu können. Der Abt hatte den vordringenden Räubern das Jesuskreuz entgegengehalten und erwartet, dass sie vor dem Kreuz zurückweichen und sich als Christen verhalten würden. Das Gegenteil war der Fall. Das Verhalten der Mönche hat sie in Raserei versetzt und die Mönche, die sich den Eindringlingen völlig unbewaffnet entgegengestellt hatten, kaltblütig ermordet. Die

Tatsache, dass der vergrabene Schatz Jahrhunderte später, erst jetzt im Jahre 2008 bei Renovierungsarbeiten wieder gefunden wurde, zeigt, dass keiner der Mönche das Versteck verraten hatte, um sich eventuell frei zu kaufen. Sie nahmen ihr Wissen um den Schatz mit in den Tod!

Die hier abgebildeten Silbermünzen des Franziskanerklosters wurden erst im Jahre 2008 bei Restaurationsarbeiten entdeckt. Es handelt sich um jene Münzen, die die Mönche des Klosters kurz vor der Erstürmung der Stadt durch Tilly unter dem Steinfußboden des Klosters vergraben hatten. Die Tatsache, dass sie erst jetzt gefunden wurden, belegt, dass die Mönche das Wissen um diesen Schatz mit in den Tod genommen haben. (Regionalmuseum Neubrandenburg)

Von den Mönchen hat niemand überlebt. Sie hatten sich den angreifenden katholischen Söldner mutig allein mit ihren Körpern entgegengestellt. Die Tatsache, dass die Eindringlinge, denen das Jesuskreuz entgegengehalten worden war, es beiseite warfen und seinen Träger ermordeten, zeigt, wieweit sie von christlichem Empfinden entfernt waren. Bei diesen Leuten handelte es sich in Wirklichkeit um primitive, animalische Mordbrenner, denen selbst einfachste menschliche Regungen fehlten.

Wenn christliche Gläubige jemals die Erwartung gehabt haben sollten, dass Tillys Soldateska wenigstens so viel Gottesfurcht besitzen würden, um ein

Kloster und die Einrichtungen zu verschonen, so wurden sie gründlich enttäuscht.
Ein solches menschenverachtendes Vorgehen zeigte sich auch in der Marienkirche. Im Glauben an das Bestehen christlicher Werte in den Reihen der katholischen tillyschen Soldateska hatten viele Bürger Schutz in der Marienkirche gesucht. In der Hoffnung, Gottes Geborgenheit in der Marienkirche empfangen zu können, waren viele Bürger der Stadt in die Kirche geflüchtet. Was dann folgte war wohl das widerlichste und abscheulichste Verbrechen der katholischen Soldateska überhaupt. Jeder Bürger, ob alt oder jung, von dem nicht die geringste Gefahr ausging, wurde ermordet. Die gedungenen Mordbrenner richteten ein Blutbad an, wie es menschenunwürdiger nicht sein konnte.
Der Mob raste durch die Stadt. Mit welcher Gier sie nach Gold und Wertsachen suchten, zeigte sich, wenn sie so etwas in bestimmten Häusern vermuteten, die Bürger sich aber geweigert hatten, sie freiwillig herauszugeben. Die Mordbande führte Folterwerkzeug wie Daumenschrauben mit, die skrupellos und willfährig eingesetzt wurden. Das geschah immer dann, wenn sich jemand geweigert hatte, das Versteck der Wertsachen preiszugeben. Die Luft war bald erfüllt von Schmerzenschreien der Gefolterten. Wenn sie schließlich das Versteck genannt hatten, bedeutete das aber keinesfalls, dass sie sich damit wenigstens ihr Leben erkauft hätten. Der Verlust ihres Lebens war dann erst die Folge dafür, weil sie sich zuvor geweigert hatten, die Wertsachen freiwillig herauszugeben.
Diese Erfahrung musste auch die Familie des Bürgermeisters, Erasmus Behme, machen. Der Bürgermeister hatte nach Aufforderung nur zögerlich bereits 300 Gulden für das Leben seiner Familie gezahlt. Man strich den Betrag ein und ermordete ihn und seine Familie sowie einen Ratsdiener der Stadt dennoch dafür, weil sie den Schatz nicht freiwillig angeboten hatten.
Bürger, die glaubten, ein besonders gutes Versteck für ihre Wertsachen gefunden zu haben, wenn sie diese in dem hauseigenen Brunnen unter Wasser versteckt hatten, erfuhren vielfach einen besonders grausigen Tod. Wenn sie unter der Folter das Versteck schließlich genannt hatten, mussten sie die Wertsachen aus dem Brunnen selbst heraufholen. Die Folterknechte machten sich dann einen Spaß daraus, die ohnehin verletzten Bürger in den Brunnen zurückzustoßen, und sich an dem Flehen und Schreien der Todgeweihten zu ergötzen.

Eine fiesere Entartung menschlichen Verhaltens bei dem selbst das letzte Quäntchen christlichen Mitgefühls, wenn es denn überhaupt jemals existierte, lange verloren gegangen war, ist kaum vorstellbar. Da kann auch nicht entschuldigen, dass es sich bei den gedungenen Folterknechten um fremdländische Bürger, südlicher Herkunft handelte.

Während es einzelnen Truppenteilen offenbar bereits freigestellt worden war, Bürger der Stadt auszurauben, zu foltern oder zu vergewaltigen, hatten andere noch damit zu tun, auch die letzten Konzentrationen der Verteidiger zu erobern. Besonders hartnäckigen Widerstand erfuhren die Söldlinge in der Anlage des Friedländer Tores. Ein größerer Trupp der Angreifer bemühte sich schon seit Stunden, das Friedländer Tor zu besetzen. Das wollte ihnen einfach nicht gelingen, so dass sie immer wieder neue Verstärkungen heranführen mussten.

Plötzlich dem Feind von der Rückseite gegenüberzustehen, traf die dort stationierten schwedischen Kämpfer und Neubrandenburger Bürgerwehren völlig überraschend.

Capitain Pflug, der Kommandeur der schwedischen Besatzung, hatte seine Männer zwar sofort entsprechend ausgerichtet. Er konnte aber in der Kürze der Zeit nicht verhindern, dass die Angreifer nach zähem Kampf das hintere Tor erobern und die dort stationierten Verteidiger schließlich zum Rückzug zwangen. Captain Pflug hatte die Truppe angewiesen, sich in das vordere Tor und in den Zingel zurückzuziehen, um von dort den Kampf fortzusetzen, bis Entsatz eintreffen würde. Sie konnten sich einfach nicht vorstellen, dass das restliche Stadtgebiet bereits in der Hand er tillyschen Angreifer war.

Kämpfend versuchten sie, den Zingel zu erreichen, um den Kampf von dort aus fortzusetzen.

Blick auf die Struktur und Beschaffenheit des Zingels

Capitain Pflug selbst sicherte den Rückzug ab und stand an der Spitze einer kleinen Truppe an der linken Mauer, die Tor und Zingel miteinander verband. An der rechten Mauer des Zugangs zum Zingel stand Johann mit einigen anderen Kämpfern. Sie versuchten so, die Angreifer daran zu hindern, die Rückzugsbewegung zu unterbinden. Alle Kämpfer hielten Blickkontakt zu ihrem Kommandeur.

Blick zum Innenhof des Friedländer Tores, zum Außentor und Zingel. Im Hintergrund ist der Zugang zum Zingel sichtbar. Zingel und Tor waren früher beidseitig mit hohen Mauern verbunden. Sie wurden später aus verkehrstechnischen Gründen beseitigt.

Aus der Art, wie er sich dem Feind entgegenstellte, wie er focht und trotz der erdrückenden Überlegenheit keinen Schritt zurückwich, schöpften sie Mut und immer wieder neue Kraft. Sie wollten es ihm gleichtun und kämpften wie er mit dem Mut der Verzweiflung gegen eine vielfache Überlegenheit. Es galt, auch den letzten Kämpfern aus dem hinteren Tor in den Zingel überwechseln zu lassen.

Capitain Pflug, der jetzt nahezu alleine die linke Flanke absicherte, hatte bald immer mehr Angreifer auf sich gelenkt. Die Angreifer hatten schnell erkannt, dass er als Kommandeur allein durch sein Beispiel seine Leute mitriss und sie immer wieder neu anspornte.

Er stand jetzt mit seinem Rücken in einer kleinen Nische der Mauer. Capitain Pflug wusste, dass es in der gegebenen Lage keinen Sinn macht, dem Feind den Rücken zuzukehren und zu versuchen, in den Schutz des Zingels zu gelangen. Es wäre auch kaum noch möglich gewesen. Wichtig war für ihn, seine Leute in eine vermeintlich sichere Position gebracht zu haben. Jetzt galt es, so sagte er sich, seinen Kämpfern jenen Ansporn und Rückhalt zu bieten, den sie dringend brauchten, um ihrem Schwur gerecht zu werden, nicht weiter zurückzuweichen. Er musste und wollte es ihnen vorleben.

Um ihn herum lagen mehrere Angreifer, die Capitain Pflug bereits außer Gefecht gesetzt hatte. Seine Uniform hing, durch die Schläge, die er selbst hinnehmen musste, bereits in Fetzen und blutverschmiert herunter. Pflug wich keinen Schritt.

Die Angreifer wussten, dass der Zugang zum Zingel und der Sieg nur über den Capitain der Verteidiger führte. Sie wussten auch, dass so lange der Capitain stand, seine Kämpfer an der anderen Seite nicht aufgeben würden, woran schließlich auch die Einnahme des Tores scheitern würde.

Wild gestikulierend und schreiend schickte der Anführer der Angreifer immer neue Leute vor, um Capitain Pflug zur Strecke zu bringen. Einer nach dem anderen bezahlte das mit seinem Leben. Zunehmend zögerten sie und wagten nicht, dem Capitain zu nahe zu kommen.

Innenhof des Friedländer Tores mit den Nischen und der Gedenktafel für Captain Pflug

Die Gedenktafel für Captain Pflug, die an der Stelle angebracht wurde, wo er für die Stadt und seinen Glauben gekämpft hat und gefallen ist.

Ihr Angriff stockte. Es dauerte jetzt für sie schon viel zu lange. Und immer noch sahen sie einfach keine Möglichkeit, an diesem Kämpfer schadlos vorbeizukommen. Um den Kampf um das Tor möglichst ohne noch größere Verluste zu überstehen, holten die katholischen Söldner schließlich einen Musketenschützen heran, um den Capitain auszuschalten. Sie postierten ihn in sicherer Entfernung.

Der erste Schuss verfehlte sein Ziel. Der zweite traf Capitain Pflug am linken Oberarm. Er taumelte von der Gewalt des Schusses und fiel mit dem Rücken an die Mauer. Aber im gleichen Augenblick straffte sich sein Körper wieder zu voller Größe. Sein Schwert fest in der rechten Hand stand er da.

Nun wagte sich endlich auch ihr Anführer der Angreifer selbst hervor. Offenbar glaubte er, mit einem schwer Verwundeten leichtes Spiel zu haben. Capitan Pflug stand immer noch in der gleichen Nische und hatte seinen Gegnern bisher keinen Schritt Land geboten. Er hielt sein Schwert mit der Spitze nach unten gesenkt und erwartete so den Angriff.

Nach langem Zögern stürzte der gegnerische Anführer auf Pflug zu und musste im gleichen Augenblick einen Schlag hinnehmen, deren Wucht er seinem bereits verwundeten Gegner nicht mehr zugetraut hatte. Überrascht und ungläubig stand er da und sah seinen Gegner verblüfft an. Er hatte jetzt aber keine andere Wahl wenn er sich vor seinen Landsknechten keine Blöße geben wollte. Außerdem hoffte er, dass sein Gegner nicht mehr in der Lage sein würde, erneut einen solchen Schlag anzubringen. Er zögerte. Dann rannte er ungestüm vor und zahlte dafür, die Schwertspitze Capitains in der Brust, mit seinem Leben.

Die Angreifer sahen ihren Führer zu Boden sinken, und mit ihm sank auch ihr Mut. Sie trauten sich nicht, sich dem Capitain zu nähern. Sie blickten sich Hilfe suchend wieder zu dem Musketenschützen um. Wild gestikulierend forderten sie ihn erneut, seine Muskete in Stellung zu bringen.

Durch den Blutverlust verließen Capitain Pflug allmählich die Kräfte. Er lehnte sich an die Mauer und versuchte so mit dem Rücken an der Wand körperlichen Halt zu finden.

Der Musketenschütze sah nun seine Stunde als gekommen, da sein Opfer für einen Augenblick stillstand und keine Angreifer den Blick verstellten. Der Schütze ließ sich Zeit, zielte und traf Capitain Pflug an der Stirn. Langsam sank sein schwerer Körper an der Wand in sich zusammen. Er hatte sein Gesicht seinen Kämpfern an der anderen Seite zugewandt.

Sie nahmen seinen Blick als letzte Aufforderung, getreu ihrem Schwur:

„Solange noch Leben in uns ist",

für ihre Überzeugung und ihren Glauben zu kämpfen. Dies Bild grub sich tief in das Bewusstsein seiner Kämpfer. Sie wussten, dass ihnen ihr Capitain durch sein persönliches Beispiel vorgelebt hat, was es bedeutet, getreu ihrem Schwur für eine gute und gerechte Sache zu kämpfen und wenn es sein muss auch zu sterben. Seine Kämpfer waren erfüllt von seinem Beispiel und bereit, ihm nachzueifern.

Sie mussten aber dennoch hinnehmen, dass sie der drückenden Übermacht der Feinde nicht länger gewachsen waren. Mit dem Tod ihres Capitains war nunmehr der Weg an der gegenüberliegenden Seite des Innentores frei, so dass die Angreifer freien Zugang zum Zingel hatten, sie in die Zange nehmen und abschneiden könnten.

Es waren nur wenige Schritte bis zum Eingang des Zingels. Er sollte ihnen wenigstens für einige Minuten eine Atempause und Sicherheit bieten. Johann hatte sich am rechten Eingang zum Zingel postiert. Die ersten beiden Angreifer, die glaubten, ungehindert hinterher stürmen zu können, hatte er bereits abgewehrt. Dann musste er aber einen Schlag hinnehmen, der ihn zum Taumeln brachte. Der Schlag hatte ihn wahrscheinlich linksseitig das Schlüsselbein zerschmettert. Einige seiner Leute hatten ihn rücklings die Stufen hinaufgezogen und gelangten so in die erste Etage des Zingels. Der enge

Gang bot ihnen kaum die Möglichkeit, sich zu bewegen. Um den Blutverlust zu stoppen und den Schmerz zu lindern hatten seine Kameraden die Wunde verbunden und seinen linken Arm fest am Körper stabilisiert.
Offensichtlich hatten die Angreifer erkannt, dass die Einnahme des Zingels auch von der Innenseite nur unter Verlusten für sie möglich war. Sie hatten daher das Nachdrängen eingestellt und ihre Aktivität darauf beschränkt, die Verteidiger unter Kontrolle zu halten.
Sehr wahrscheinlich hatten sie damit auch ihre Aufgabe als erfüllt betrachtet. Immerhin konnten sie davon ausgehen, dass die Verteidiger ohnehin in dem Zingel festsitzen und nicht entkommen konnten.
Hinzukam, dass die Angreifer hinnehmen und zusehen mussten, wie andere Truppenteile in der Stadt bereits mit dem Plündern und Rauben, dem Morden und Brandschatzen ihren Gelüsten nachgehen konnten. Sie hielten daher das Friedländer Tor, mit Ausnahme des Zingels, besetzt und hatten so das Geschehen weithin unter Kontrolle.
Es ging bereits dem Abend zu. Schnell breitete sich die Dunkelheit aus.
Die Verteidiger in der ersten Etage des Zingels kauerten sich in einem toten Winkel einer Nische zusammen, so dass sie vom Torhof aus von den Kaiserlichen nicht einzusehen waren.
Johann saß auf der letzten Stufe der Steintreppe. Wenn er sich vorne über neigte, konnte er an der eisigen Wand seine heiße Stirn kühlen, was ihm guttat. Wenn er sich empor streckte, konnte er von seiner Position aus schräg über die Stadtmauer in Richtung seines Elternhauses sehen. Er versuchte, das Dach ihres Hauses auszumachen und bekam einen Schreck. Das ganze Viertel stand in Flammen. Er starrte unentwegt hinüber und hoffte zu erkennen, ob und wieweit auch sein Elternhaus von den Flammen erfasst war. Das Bild, das der letzte Eindruck war, den er als Erinnerung an sein Elternhaus mitnehmen konnte, war erschütternd. Er musste hilflos mit ansehen, dass alles in Flammen aufging.
Das Schlimmste aber war, nicht zu wissen ob und wie seine Mutter, Maria und sein kleiner Sohn, Hanning, das Inferno überstanden hatten. Quälende Gedanken belasteten ihn, die sich mit einem gewissen Ohnmachtsgefühl über seine eigene Verletzung mischten. Sie zwangen ihn, einfach hinnehmen zu müssen, nichts tun zu können.
Sooft Johann daran dachte, sich in die Stadt zu schleichen, um zu seiner Familie zu kommen, verwarf er diesen Gedanken. Er wäre allein durch seine Ver-

wundung nicht weit gekommen und hätte ohnehin nichts ausrichten können. Er musste diese Situation durchstehen, um sich zu erhalten und später für seine Familie da sein zu können. So vertraute Johann einfach auf den Mut und das kluge Verhalten seiner Mutter und seiner Maria, dass sie sich rechtzeitig in Sicherheit gebracht hatten.

Was ihn und seine Kameraden betraf, glaubten sie immer noch an ein Aufbäumen der Verteidiger in der Stadt oder eventuell auch an eine Befreiung durch schwedische Truppen von außen, die sie in der näheren Umgebung vermuteten.

Sie hatten sich eine solche hoffnungsvolle Situation eingeredet, weil sie sich keinerlei Vorstellung von der tatsächlichen, katastrophalen Situation machen konnten. Ihre Lage, die Lage der Verteidiger im Zingel war absolut hoffnungslos. Sie saßen in einer Falle und wussten im Moment keinen Ausweg. Es sei denn, es würde sich im Laufe der Zeit irgendeine List finden, die sie nutzen konnten.

Welches Ende sie nehmen würden, lag weithin in der Hand des Gegners. Und den hatten sie als einen brutalen Feind kennen gelernt, der weder soldatische Fairness noch Rücksicht oder Großmut kannte.

Auch aus diesem Grunde hatten sie geschworen, dass eine Kapitulation für sie nicht infrage kommt. In diese Stimmung hinein sagte Johann, seinen Kameraden zugewandt:

„Wir werden kämpfen, wie es uns unser Capitain vorgelebt hat!“

Einer sah den anderen an. Sie rückten dann wortlos zusammen und empfanden alle das Gleiche. Jeder legte die Hand auf die Schulter des anderen, um damit ihren Schwur zu bekräftigen. Dann nahm der Dienstälteste das Wort:

„Wir schwören bei Gott, niemals aufzugeben, für unsere gerechte Sache zu kämpfen. Zu kämpfen, wie es uns unser Capitain Pflug gelehrt und vorgelebt hat. Solange Leben in uns ist.“

Jeder wiederholte dann die Eidesformel:

„Das schwören wir. Solange Leben in uns ist!“

Jeder sprach die beschwörende Formel im Flüsterton. Und doch wirkte sie von einem zum anderen wie ein tausendstimmiges Fanal, das stark machte und jeden Kämpfer erfüllte.

7. Der Tod fordert seinen Tribut

Ganze Straßenzüge der Stadt standen in Flammen. Die Stadt war erfüllt vom Lärmen betrunkener Krieger, dem Schreien verfolgter Frauen und dem Knistern der Feuerbrunst. Eine gespenstische Nacht brach an. Die beiden Frauen Katherina und Maria hatten alle Vorkehrungen getroffen, wenigstens ihr Leben und das des Kleinen zu retten. Sie hatten zwei- und dreischichtige Kleidung angelegt, eine gewisse Notverpflegung eingepackt und Zusatzkleidung zurechtgelegt. Im Garten, der sich hinter dem Haus anschloss, hatte Katherina einen kleinen Erdbunker für die Einlagerung von Rüben und anderes Gemüse als Wintervorrat angelegt. Sie hatte die Vorstellung, dass sich Maria mit dem Jungen dort verbergen und das Schlimmste abwarten sollte. Irgendwann müssten die Besatzer ja wieder abziehen, sagten sie sich.

Katherina konnte sich immer noch nicht vorstellen, dass bei den katholischen Truppen Tillys jedes Quäntchen Fairness, Vernunft und Gottergebenheit verloren gegangen sein sollten. Sie vertraute darauf, dass man zumindest bei Teilen seiner Truppen auch Vernunft und humanitäres Verhalten erwarten könne. Sie wandte sich mit eindringlichen Worten an Maria und an den Kleinen und forderte:

„Wenn die Plünderer kommen und klopfen, lauft ihr beide schnell in den Bunker und versteckt euch dort. Ich werde die Tür öffnen und sie zurückweisen. Die wissen, dass bei einer alten Frau nichts zu holen ist und werden es respektieren."

„Nein, das mache ich nicht mit, du kommst mit uns", widersprach Maria.

„Einer alten Frau tun sie nichts", beharrte Katherina.

„Wir gehen alle oder keiner", bestand Maria auf ihrer Meinung.

„Nun sei vernünftig, Maria. Mutest du mir zu, mit anzusehen, wie sich diese Kerle an euch vergehen? Das wäre eine Strafe, die ich nun wirklich nicht verdient habe."

Katherina wurde laut und ernsthaft böse.

Es war nicht einmal mehr Zeit gegeben, darüber zu streiten, wie man sich verhalten sollte.

Die Feuerwalze kam näher und näher. Und vor ihr kamen zügellose Brandschätzer und Plünderer, die von Haus zu Haus gingen. Den Luxus, anzuklopfen, wenn man eintreten wollte, wie Katherina es sich vorgestellt hatte, leisteten sie sich nicht. So viel Mühe machten sich die Kerle nicht. Eine verschlossene Tür reizte sie einfach nur dazu, sie mit derben Stiefeln einzutreten und ihre Forderung lauthals herauszuschreien.

Schon rüttelten die ungebetenen Gäste an der Tür. Sie machten sofort klar, wie sie es gewohnt waren, mit Belagerten umzugehen. Als sie mitkriegten, dass die Tür verschlossen war, rammten sie offenbar mit der Schulter dagegen. Dann ein zweites Mal. Da die aus Eichenholz gefertigte Tür immer noch standhielt, traten sie immer und immer wieder mit den Stiefeln dagegen. Sie schienen ihre ganze Wut gegen die Tür auszulassen.

Katherina war entsetzt. Sie hat immer noch geglaubt, es mit Christenmenschen zu tun zu haben. Nun musste sie aber erleben, dass es sich um primitive raubeinige Banditen handelte, weitab von jeder christlichen Empfindung.

Immer noch standen alle drei und sahen wie gebannt auf die schweren Eisenriegel der Tür, die langsam nachzugeben schienen. Der Kleine klammerte sich angstvoll an seine Mutter.

Katherina forderte sie erneut eindringlich auf, sich sofort mit dem Kleinen in Sicherheit zu bringen.

Nachdem Maria immer noch protestierte, schrie Katherina sie an:

„Du musste es für Johann tun, euch beide erhalten und in Sicherheit bringen!"

Maria zögerte aber immer noch. Es wurde aber höchste Zeit. Dann erst wurde Maria einsichtig, packte den Kleinen und war im Begriff aus der hinteren Tür ins Freie zu laufen.

Ein letzter Blick zurück galt Katherina. Nachdem die aus den Angeln geratene Tür den Eindringlingen kein Hindernis mehr war, hatte Katherina sich noch einmal angstvoll zu den Kindern umgesehen und wollte offenbar unbedingt verhindern, dass die Fremden den Kindern folgen. Dann warf sich Katherina den Fremdlingen entgegen und versperrte ihnen mutig den Weg. Sie schrie sie an, sofort das Haus zu verlassen.

„Bei mir ist nichts zu klauen, macht, dass ihr rauskommt!"

Der erste Plünderer stieß sie mit einem kräftigen Stoß zur Seite, als wäre sie irgendein hinderliches Etwas. Katherina raffte sich auf, zerrte an der Kleidung des einen Söldners und hinderte ihn so ins Haus zu gelangen. Der schlug sie erneut nieder. Und wieder zerrte sie an der Kleidung des einen Söldners um ihn am Weitergehen zu hindern.

So viel todesmutiger Widerstand war den Rohlingen einfach zu viel. Der Söldner zog seinen Dolch und stach auf die tapfere alte Frau ein.

Sie machten sich nicht einmal die Mühe, sich um sie zu kümmern, ließen sie

liegen und stiegen über ihren leblosen Körper hinweg, um ihren räuberischen Gelüsten nachzugehen.
Maria hatte im Dunklen das Eindringen der Kerle nur schemenhaft mitbekommen. Sie war, wie es Katherina gefordert hatte, durch die hintere Tür mit dem Jungen in den Garten gerannt, um sich dort zu verstecken.
Es war eisig in ihrem irdenen Versteck. Maria hatte sich vorsorglich hinter den eingelagerten Rüben ein Strohlager gemacht, das sie vor der größten Kälte bewahren sollte. Sie kuschelten sich beide aneinander und horchten gespannt, ob man sie verfolgt hatte. Sie wagten vor Anspannung kaum zu atmen. So lagen sie schon eine ganze Weile. Durch die Spalten der Kellerluke sahen sie, dass fast die ganze Stadt in Flammen stand. So verbrachten sie die Zeit bis zu den ersten Morgenstunden.
Maria konnte einfach das scheußliche Geschehen nicht loswerden, das ihrer Katherina widerfahren war. Sie wusste zwar, dass sie es mit brutalen Kerlen zu tun haben würden, hat sich aber nicht vorstellen können, dass es Menschen waren, die sich wie die grauenhaftesten Bestien verhielten. Sie machte sich Vorwürfe, dass sie Katherina nicht beigestanden hatte, wusste aber im gleichen Augenblick, dass sie damit den kleinen Hanning seinem Schicksal alleine überlassen hätte. Maria war voller Bewunderung für Katherina, die sich, ohne zu zögern, für sie und ihren Sohn geopfert hatte. Sie hatte sich den Eindringlingen mit einer Kühnheit in den Weg gestellt, wie man es von einer schwachen Frau nicht erwartet hätte.
Sie war ohne zu zögern bereit, ihr eigenes Leben hinzugeben, um ihr und das Leben des kleinen Hanning zu retten. Wie gern hätte sie es ihr gedankt und es ihr vergolten. Die vordringlichste Möglichkeit bestand jetzt darin, so sagte sie sich, im Sinne Katherinas Forderung zu handeln und sich immer wieder bewusst zu machen, dass sie beide ihr Leben der Oma Katherina zu danken haben.
Maria und Hanning hatten sich eine Decke über Kopf und Leib gezogen und gehorcht, was geschehen würde. Sie hatten so schon eine ganze Weile verharrt, als sie ein ungewohntes knisterndes Geräusch wahrnahmen, dass sie sich zunächst nicht erklären konnten. Als sie den Kopf langsam unter der Decke vorgeschoben hatten sahen sie durch die Ritzen der altersschwachen Kellertür einen hellen Feuerschein. Maria wollte ihren Augen nicht trauen. Katherinas Haus stand in hellen Flammen. Die Einbrecher hatten sich nicht viel Zeit gelassen. Nachdem sie auf Anhieb keine lohnende Beute machen konnten, rächten sie sich dafür, indem sie Feuer legten.

Draußen in der Stadt wütete ein Inferno.
Maria sorgte sich um ihren Johann. Wie sollte das ein Mensch, der sich den wütenden Horden entgegengestellt hat, lebend überstehen können, fragte sie sich. Sie hatte zusammen mit ihrem Hanning ihre eigenen Probleme, deren Ausgang nicht abzusehen war. Aber immer wieder kam ihr das Schicksal ihres Johann in den Sinn. Sie wusste, dass es für die Verteidiger der Stadt kaum eine Möglichkeit gab, der erdrückenden Übermacht der Angreifer zu entkommen. Alle Zugänge zur Stadt waren dermaßen verbarrikadiert, so dass in der Eile auch ein Entkommen aus der Stadt so gut wie unmöglich war. Die einzige Möglichkeit bestand darin vielleicht über die Mauer zu entweichen.
Maria wollte allein den Gedanken daran, dass ihr Johann bei dem Inferno, umgekommen sein könnte, einfach nicht zulassen. Alles in ihrem Körper wehrte sich dagegen. Allein die Vorstellung, dass Johann tot sein könnte, war ihr so ungeheuerlich, so unwirklich, dass es einfach nicht geschehen sein konnte. Irgendetwas hatte ihr die Gewissheit eingegeben, dass ihr Johann das Inferno überlebt hat. Sie vertraute vor allem auf Gott, der es einfach nicht zulassen könnte, einem so treuen Christen, wie ihrem Johann, ein solches Schicksal aufzuerlegen. Hinzu kam aber auch die Überlegung, dass Johann sich in der Stadt doch gut auskannte und schon gewusst haben wird, wie er gegebenenfalls aus der Stadt entfliehen konnte.
Das war jetzt aber auch ihr Problem. Sie musste versuchen, mit ihrem Sohn die Stadt unauffällig zu verlassen. Durch die Tore war es schon deshalb nicht möglich, weil sie alle noch verbarrikadiert waren und der einzige Aus- oder Durchgang war von den Tillyschen Wüstlingen besetzt. Maria war der Verzweiflung nahe. Sie konnte sich doch nicht mit dem Jungen tagelang in dem Rübenkeller versteckt halten. Abgesehen davon, dass sie es unmöglich ausgehalten hätten, war es viel zu gefährlich.
Sie überlegte, wie sie früher als Kinder oder Jugendliche die Mauer überwunden hatten. Sie hatte noch gut in Erinnerung, wie sie damals Schlupflöcher durch die Mauer ausfindig gemacht und als „ganz geheime" Wege behandelt hatten.
Dabei fiel ihr ein, dass sie auch als Kinder durch ein Fließ in der Wollweberstraße unter die Mauer hindurch getaucht waren.
Das Fließ, war vom Lindenbach durch die Stadt abgeleitet worden. Es diente den Wollwebern in der Straße zum Spülen ihrer Wolle und ihrer Stoffe und hatte sauberes Wasser. Dieser Graben leitete das Wasser am Ende der Straße

unter die Mauer hindurch und mündete außerhalb der Stadt wieder in den Lindenbach. Einige hundert Meter weiter floss dieser dann in den Oberbach. Das wäre doch eine Chance, überlegte sie. Nur wie soll es mit dem kleinen Hanning gelingen? Vielleicht schafft er es ja mit meiner Hilfe. Aber da war doch auch dieses Eisengitter, unter das man durchtauchen musste. Hoffentlich ist der Wasserstand heute günstig, so dass wir hindurch tauchen können, sagte sie sich. Das erfüllte sie urplötzlich mit einer solchen Zuversicht, dass sie es am liebsten gleich noch in der Nacht geprüft hätte. Sie wäre am liebsten sofort aufge-brochen.

Sie wandte sich ihrem Sohn zu, der still neben ihr lag und endlich etwas Ruhe und Schlaf gefunden hatte. Maria zögerte, weil sie ihm den Schlaf nicht nehmen wollte, wusste aber, dass ihr Vorhaben noch in dieser Nacht geschehen müsste. Es eilte, die Dunkelheit der Nacht würde bald dem Morgengrauen weichen und die Eindringlinge würden bald wieder zu neuen Raubzügen aufbrechen. In diesem Augenblick hatte die nervliche Überlastung des Kleinen ihn aufschrecken lassen. Er sah sich verwirrt um, hatte sich aber gleich wieder unter Kontrolle und unterdrückte jeden Laut.

Noch bevor die Sonne aufgegangen war, verließen beide im Schutze des Morgengrauens ihr Versteck. Die Stadt bot ihnen ein grauenhaftes, erschreckendes Bild. Dort wo früher Häuserzeilen standen, befanden sich nur die Reste der Feuersbrunst. Verkohlte Balken und Mauerreste ragten in den Himmel und von Glut- und Feuerherden stieg immer noch beißender Rauch empor, der sich inzwischen über die gesamte Innenstadt gelegt hatte. Über allem lag ein Gestank nach Qualm, verbranntem Gebälk und Unrat.

Jetzt sah man aber in einigen hundert Meter Abstand vereinzelt Mauerreste und auch ganze Häuser, die die Brandstifter aus welchen Gründen auch immer verschont hatten. Vielleicht waren es aber auch nur Backsteinwände, die dem Brand widerstanden hatten. Man hatte einen ungewohnt freien Blick und konnte nahezu die gesamte Innenstadt übersehen.

Die Tore und die Mauern mit einzelnen Wiekhäusern waren erhalten geblieben. Nirgends sah man eine Menschenseele. Offensichtlich hatten sich die Besatzer in ihre Zelte verzogen oder in den Höfen der Tore übernachtet.

Maria weckte ihren Sohn, nahm ihr Bündel mit Vorräten, Kleidung und einen Beutel mit Ersparnissen und suchte nach der ihr eingefallenen Möglichkeit, die Stadt verlassen zu können. Sie schlich sich vorsichtig durch die Gärten der anderen Häuser.

Weil sie so in unmittelbare Nähe ihres Elternhauses gelangte, machte sie einen Schwenk, um dort vielleicht ihre Eltern zu finden. Sie sah schon von weitem, dass das Wohnhaus vollständig niedergebrannt war. Absolut nichts deutete mehr auf ihr Elternhaus und auch nicht auf ein Lebenszeichen der Eltern hin. Wie durch ein Wunder waren die Stallgebäude weitgehend unversehrt geblieben. Maria wunderte sich, dass weder Pferde noch Kühe in den Stallungen waren und vermutete, dass die Plünderer sie geraubt hatten. Dabei kam ihr der Gedanke, dass sich ihre Eltern vielleicht auch in ihrem alten Rübenkeller versteckt hatten. Das erlittene schreckliche Schicksal, dass sie nun mit ihren Eltern zu teilen hatte, ließ sie alles vergessen und verzeihen, was sie von ihrem Elternhaus getrennt hatte. Der Streit mit den Eltern und all' die Differenzen der Vergangenheit schienen ihr in diesem Augenblick angesichts des jetzt zu ertragenden Schicksals klein und nichtig zu sein.
Wie gern hätte sie ihre Mutter wieder gesehen, die, und dessen war sie sich sicher, genauso unter den damaligen Geschehnissen gelitten hat, wie sie.
Vorsichtig überwand sie verkohlte Balken, kletterte über die durch Hitze ausgeglühten Gerätschaften und Schuttberge und gelangte so in den Garten der Eltern. Sie musste sicher gehen, in dem Keller nicht etwa Plünderer anzutreffen, die dort ihren Rausch ausschlafen.
Aber nichts deutete darauf hin, der Keller war leer. Die Tür war weit geöffnet und von drinnen drang kein Laut an ihr Ohr.
Nun hatte Maria es eilig. Noch einen Straßenzug musste sie überwinden, um in der Wollweberstraße zu sein durch die der vom Lindenbach abgeleitete Wassergraben floss. Sie hätte laut jubeln können, als sie sah, dass der Graben völlig trockenstand. Es gab nur noch vereinzelte kleine Wasserlachen. So ausgetrocknet hatte sie den Graben noch nie gesehen. Dabei fiel ihr ein, dass man den Wasserzufluss so komplett abgesperrt hatte, weil man Wasser ja für die Überflutung des Werderbruchs vor der Stadt benötigt hatte.
Beide kletterten die Böschung hinunter um sich im Grabenbett, das nur noch Restnässe enthielt, in gebückter Haltung bis zur Mauer vorzuschleichen. Sie hatten es bald geschafft und waren nur noch wenige Meter von der Mauer entfernt.
Maria stockte plötzlich der Atem. Wenige Schritte vor sich sah sie an der Böschung zwei, wahrscheinlich betrunkene Söldner liegen. Sie zögerte. Sollte sie es wagen, einfach weiterzugehen, oder versuchen, die Söldner zu umgehen. Während sie noch überlegte, schien plötzlich alles zu spät zu sein.

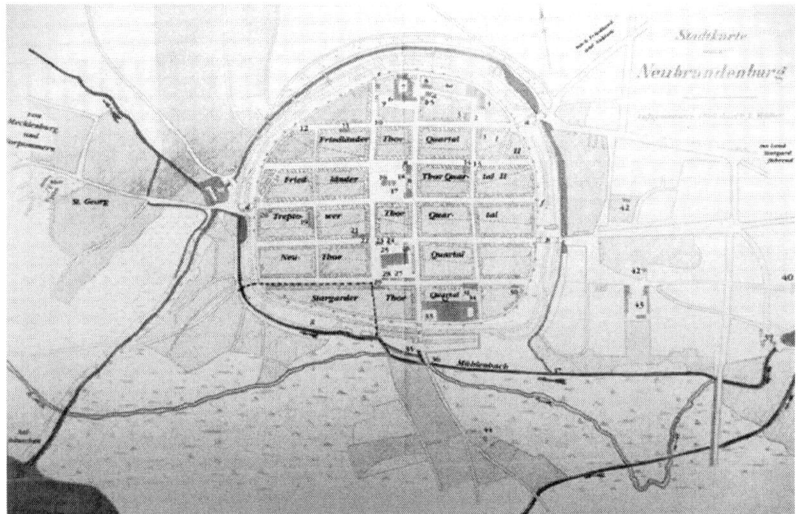

Im unteren Teil des Grundrisses der Stadt Neubrandenburg ist in der Großen Wollweberstraße eine Abzweigung des Mühlenbaches (heute Lindenbach) eingezeichnet. Die Darstellung zeigt, dass das Wasser unter die Ringmauer hindurch wieder in den Mühlenbach geleitet wurde. Bei niedrigem Wasserstand war ein Entfliehen aus der Stadt, unter die Ringmauer hindurch, durchaus möglich. (Aus: Bürgermeister Ahlers 1876 erschienenem Buch: „Vorderstadt Neubrandenburg")

Ihr Sohn, der kleine Hanning, der bisher so tapfer mitgemacht und in diesem Augenblick die beiden Besatzer entdeckte hatte, verlor die Kontrolle über sich und glaubte mit einem lauten Aufschrei seine Mutter auf die „bösen Soldaten" aufmerksam machen zu müssen.
Maria stockte der Atem. Sie waren beide auf gleicher Höhe mit den Söldnern. Einer von den beiden, schlug plötzlich die Augen auf, hob seinen Kopf und starrte Maria genauso überrascht an, wie sie ihn.
Sie blieb vor ihm wie angewurzelt stehen. Der Söldner sah sie an und warf dann einen Blick auf seinen Kumpanen. Der schien fest zu schlafen.
Dann deutete der Besatzer Maria an, leise zu sein, indem er den Finger auf den zugespitzten Mund legte und in die Richtung wies, in die Maria ohnehin gehen wollte. Dann legte er sich wieder auf den Boden und tat, als würde er weiterschlafen.
Maria legte, dem Söldner zugewandt, so gut es ging beide Handflächen aneinander, um ihm zu danken. Ihr war ein Stein vom Herzen gefallen, beschleu-

nigte ihren Schritt und zog den kleinen Hanning hinter sich her. Die Maueröffnung schien ihr als das Tor in eine andere, friedliche Welt, das Tor zum Weiterleben zu sein. Es war zwar nur noch wenige Schritte entfernt aber doch so weit, das sie jetzt einfach nicht schnell genug erreichen konnte. Die Maueröffnung war zwar mit schräg nach außen gerichteten eisernen Speerspitzen versperrt, die ein Eindringen in die Stadt von außen erschweren konnten, die aber von innen kein Hindernis waren. Sie hatten beide endlich die Mauer erreicht, waren durchgeschlüpft und damit in einem Glücksgefühl gelandet für das es einfach noch keinen Ausdruck gab.
Maria kam sich vor, als hätte sie gerade einen Schritt gemacht, mit dem sie und ihr Sohn eine Welt des Schreckens hinter sich gelassen und den Schritt in eine himmlische friedvolle Welt getan hat. Sie blieb für einen Moment stehen, atmete tief durch und richtete dann ihren Blick in den Himmel, um ihrem Herrgott für ihre Erlösung zu danken.
Von hieraus war es jetzt nicht mehr so weit bis zu der Scheune ihres Vaters hinter dem Hospital St. Georg. Das Hospital und seine nähere Umgebung, in der immer noch einzelne Pestkranke behandelt und gepflegt wurden, war ein Ort, so widersinnig es anmuten mag, der jetzt für sie Leben bedeutete und Frieden. Alle Wege waren menschenleer. Auch im Hospital war noch alles still.
Maria hatte dann die Scheune ihrer Eltern erreicht.
Zu ihrer Überraschung stellte sie fest, dass die Tür von innen verriegelt war. Ihr erster Gedanke war, dass sich Fremde dort einquartiert hätten. Aber irgendetwas stimmte nicht. Fremde würden sich nicht einschließen und die aufgeräumte Ordnung ringsherum, ließ auf eine tägliche Nutzung schließen und passte einfach nicht zu ihrer Vermutung. Darum rüttelte sie vorsichtig an der Tür, die sich vielleicht öffnen ließ. Dann hörte sie drinnen Stimmen, die sie aber nicht deuten konnte. Ermutigt, durch den Gedanken, dass sich hier keine Besatzer aufhalten würden, forderte sie forsch:
„Aufmachen!“
Dann hörte sie deutlich die Stimme ihrer Mutter:
„Das ist Maria!“
Sie konnten jetzt nicht schnell genug die verriegelte Tür öffnen, um zueinander zu kommen. Wenig später lagen sie sich in den Armen. Etwas zögerlich und zurückhaltend war auch ihr Vater dazugekommen. Und auch Hanning freute sich, seine Oma wieder zu haben. Vergessen waren in diesem Augen-

blick all' die Gräuel und Schrecken der vergangenen Tage. Die Freude zueinander und sich wieder zu sehen, überwog alle zurückliegenden schlimmen Erlebnisse, die jetzt einfach banal und unsinnig schienen.
Nachdem Maria ihnen erzählt hatte, gerade aus der Stadt zu kommen wurde sie ungläubig betrachtet und gefragt, wie das möglich gewesen sei. Nachdem sie auch das geschildert hatte, wollten die Eltern wissen, wie es denn in der Stadt aussähe und ob sie wisse, ob ihr Haus und die Wirtschaftsgebäude noch ständen.
Durch Marias Schilderung erfuhren die Eltern erst jetzt welches Schicksal über sie hereingebrochen war. Sie erahnten es zwar weil sie von hieraus das Inferno verfolgt hatten. Aber dennoch hatten sie ein Fünkchen Hoffnung bewahrt, dort nicht alles verloren zu haben, weil es ihnen einfach zu unwirklich und unwahrscheinlich schien.
Marias Mutter war total erschüttert. Sie suchte nach einer Erklärung, warum dieses Unglück über sie gekommen war, und fragte mit einem vorwurfsvollen Blick zu ihrem Mann:
„Was haben wir bloß falsch gemacht, dass uns der Herr so hart bestraft?
Das sollte uns eine Warnung sein, uns künftig zueinander wie Christenmenschen zu verhalten. Aber warum hat der Herr uns solche Antichristen geschickt, um uns zu bestrafen“, rätselte sie. Auf diese Frage fand sie aber keine vernünftige Antwort.
„Das sind keine Christen, sondern primitive Söldner, die diese Aufgabe übernommen haben. Es gibt unter ihnen aber auch Christen, wie wir es sind, die versuchen, das Schlimmste abzuwenden“, versuchte Maria einzulenken.
Dabei schilderte sie die Erfahrung, die sie vor wenigen Minuten gemacht hatte, als sie sich anschickten, sich an zwei Söldnern vorbeizuschleichen. Wenn der eine nicht vernünftig gewesen wäre, hätten wir uns womöglich nicht wieder gesehen. Ihre Eltern nahmen es wortlos hin.
„Und wo ist denn dein Johann“, wollte ihr Vater wissen, dem die Sache mit dem Freund seiner Tochter auflag.
„Würdest du ihm denn jetzt verzeihen wollen?“
erkundigte sich Maria mit einem vorwurfsvollen Blick, bevor sie auf die Frage ihres Vaters antwortete.
„Ja“, klang es zögerlich und kleinlaut. Dann setzte er seine Erklärung fort: „Ich hatte mich einfach verrannt und hatte nur unsere Wirtschaft, unsere Zukunft im Sinn, die ich durch euren Verhalten gefährdet sah.“

„Du weißt doch, dass er sich hier nicht sehen lassen kann, solange du die Anzeige gegen ihn nicht zurückgenommen hast," erwiderte Maria.
„Das will ich gerne tun, wenn ich denn damit etwas gutmachen kann. Wir sind ja alle hart genug bestraft worden für unser Verhalten."
Erst nach dieser Erklärung des Vaters begann Maria die Frage ihres Vaters zu beantworten.
„Ich weiß nicht, wo Johann jetzt ist. Ich weiß auch nicht, ob er überhaupt noch lebt und das Inferno hier überstanden hat..."
Ihre Eltern sahen sich beide an und waren überrascht.
„Wieso das Inferno überstanden? War er denn hier?" wollte ihr Vater wissen.
Maria erzählte daraufhin die ganze Lebensgeschichte ihres Johann und schilderte vor allem ihre Angst und Befürchtungen, dass ihm bei der Verteidigung der Stadt etwas zugestoßen sein könnte. Dabei betonte sie ihre Eingebung, dass er am Leben sein müsse.
Ihre Eltern freuten sich offensichtlich, dass er sich sogar für die Verteidigung der Stadt eingesetzt hatte. Besonders nachdenklich wurde Marias Vater. Er fühlte sich doppelt schuldig, weil seine Frau ihm immer wieder Vorhaltungen gemacht und ihn gewissermaßen beschuldigt hatte, das Unheil, das nun über die Familie hereingebrochen war, verursacht zu haben. Und darüber hinaus sieht er sich jetzt auch insofern im Unrecht, dass Johann, der im Gegensatz zu ihm, sein Leben eingesetzt und geholfen hat, die Stadt zu verteidigen.
In dem Augenblick hörte Maria ein ihr zwar vertrautes aber hier doch völlig überraschendes Geräusch in dem abgeteilten Nebenbereich der Scheune. Es hatte sich wie das Schnauben eines Pferdes angehört.
„Ja, wir hatten doch das Kloster zu versorgen und mussten auch bei den Tieren sein. Wie es mit dem Verbarrikadieren der Tore losging, hatten wir gar keine andere Wahl als uns hier einzuquartieren. Wir wären ja nicht durch die Tore gekommen. Durch diesen Umstand haben wir einen Teil unserer Tiere und auch uns rechtzeitig hierher retten können. So haben wir wenigsten wieder einen neuen Anfang für die Zukunft."
Der Vater hatte sich richtig in Begeisterung geredet, nachdem er Marias Schilderung über die Verhältnisse in der Stadt gehört hat. Jetzt wusste er seine Entscheidung und seine Situation erst richtig zu beurteilen.
Er hätte gegenüber anderen Ackerbürgern ja nun den Vorteil, außerhalb

der Stadt auch einen Stall und eine Scheune zu haben in der er einen Teil seiner Tiere unterbringen konnte. Den Anstoß dazu, das zu tun, habe er aus der Zeit der Belagerung der Stadt durch Wallenstein erhalten. Außerdem wusste er, dass die Angreifer der katholischen Liga die Region hinter dem Hospital aus Angst vor Infektionen meiden würden. Er sei davon ausgegangen, dass auch Tilly so entscheiden würde. Wie sich nun zeigen würde, habe er ja auch richtig gelegen mit seinen Überlegungen, erklärte er und empfand trotz der katastrophalen Lage der Stadt für sich eine gewisse Genugtuung.

Trotz der schrecklichen Erlebnisse der letzten Stunden waren doch alle glücklich, wieder beisammen zu sein. Sie schwuren, sich das Leben gegenseitig nie wieder so schwer zu machen und immer das notwendige Verständnis füreinander aufzubringen. Wenn nun auch ein solches Unheil über sie hereingebrochen war, so schätzten sie sich alle glücklich, dass der Herr es doch gut mit ihnen gemeint habe.

Aber immer wieder bedauerten sie, dass Johann nicht bei ihnen sein konnte, da nun doch die Unstimmigkeiten zwischen ihnen ausgeräumt waren und alle Voraussetzungen gegeben sind, künftig friedvoll miteinander umzugehen.

„Hauptsache ist, dass Johann überhaupt noch lebt", wiederholte Maria immer wieder. Sie leitete ihre Befürchtungen daraus ab, da sie wusste, dass Johann am Friedländer Tor stationiert war und dass dort die härtesten Kämpfe stattfanden.

In diese dennoch harmonische Stimmung hinein erkundigte sich der kleine Hanning, der die ganze Zeit auf dem Schoß seiner Oma zugebracht hatte, warum seine Oma Katherina nicht da sei.

Diese Frage des Kleinen holte alle wieder zurück aus ihren Zukunftsvisionen in die schlimme Gegenwart.

„Oma Katherina ist im Himmel bei den Engeln", versuchte Maria ihrem Sohn das schreckliche Geschehen für ihn hinnehmbar zu machen.

„Aber du hast doch gesagt, Oma Kathi ist schon vorausgegangen", wollte der Kleine die Antwort seiner Mutter nicht gelten lassen. Maria kam nun in Bedrängnis und wusste im Augenblick nicht, wie sie ihren Sohn beruhigen und ihm eine befriedigende Antwort geben könnte.

„Deine Oma Kathi hat wohl den Ausweg aus der Stadt nicht gefunden, weil es überall gebrannt hat. Wahrscheinlich ist sie dabei umgekommen", schaltete sich nun Marias Mutter, die andere Oma des Kleinen, ein. Dem Jungen war anzusehen, dass er sich alle Mühe gab, diese, für ihn betrüblichen Auskünfte zusammenzubringen und zu verstehen. Dass seine andere Oma umgekommen sein sollte, wollte er aber einfach nicht gelten lassen.

Maria flüsterte währenddessen ihren Eltern zu, diese schreckliche Geschichte später erzählen zu wollen und war im Moment vor allem bemüht, den Jungen zu beruhigen. Sie schilderte aber schon einmal, dass Katherina sich für sie beide geopfert habe und dass Gott es ihr danken würde.

„Ich komme gar nicht darüber hinweg und sehe dies schreckliche Bild immer wieder vor mir. Und schlimm ist, dass man ihr das nicht mehr danken kann", schluchzte Maria und hatte Mühe nicht in einen Weinkrampf zu verfallen. Es war einfach alles zu viel für sie, was sie in den letzten Stunden erlebt hatte und mit dem sie fertig werden musste.

„Wir müssen jetzt vor allem an uns denken, dass wir diese schreckliche Zeit überstehen. Dann können wir auch unsere Toten genug beweinen", versuchte ihre Mutter sie zu beruhigen.

❧

Wie sich in den nächsten Tagen herausstellte, herrschte in der Stadt ein heilloses Durcheinander. Einige Bürger der Stadt waren damit beschäftigt, die vielen Toten zu begraben, um keine Seuche entstehen zu lassen. Von den 2.000 schwedischen Soldaten sollen nur 70 das Gemetzel überlebt haben. General von Kniephausen, soll sich mit seiner Familie freigekauft haben und in Gefangenschaft gegangen sein. Von den 3.000 Neubrandenburger Bürgern sollen etwa 200 ihr Leben gelassen haben.

Die tillyschen Truppen waren damit beschäftigt, vor den Stadtmauern ihre etwa 1.500 gefallenen Söldner zu begraben. Ein derartiges Blutvergießen in einer einzigen Schlacht hatte es bisher seit Beginn des Krieges 1618 wohl noch nicht gegeben.

Wenige Tage nach diesem Gemetzel hatte sich auch der schwedische König Gustav Adolf über eine solche skrupellose Art der Kriegsführung Tillys entrüstet und erklärt, es wettmachen zu wollen. Er hatte sich geschworen, „... Tilly zu lehren, den Krieg zu führen als Soldat und nicht als Henker".

Der Name „Neubrandenburg" verband sich für ihn fortan als Synonym des

Schreckens, bis es von einem anderen noch größeren Opfer solcher Art in den Schatten trat. Dieses furchtbare Schicksal erlitt nur wenige Wochen danach, im Mai des gleichen Jahres, die Stadt Magdeburg mit ca. 20.000 Toten.

Gleich nachdem Tilly seine Söldner aus der Stadt abziehen und sie gegen Magdeburg marschieren lassen hatte, war Maria entschlossen, zu versuchen, irgendeine Spur von ihrem Johann zu finden oder einen Hinweis über seinen Verbleib zu erhalten. Vor allem aber wollte sie sich ansehen, was von Katherinas Haus übriggeblieben war.

Sie hatte sich darauf gefasst gemacht, ein schreckliches Bild zu erleben. Zögerlich betrat sie durch das Treptower Tor, das nun schon wieder durch einen Seiteneingang zugängig war, die Innenstadt. Auch nach Tagen schlug ihr immer noch der strenge Brandgeruch, der Geruch nach Asche und verbrannten Leichen und Tierkadaver entgegen. Dazu kam der Blick auf die in Trümmern daliegende Stadt, die trostlos und erschütternd wirkte. Nur einzelne Häuserzeilen waren stehen geblieben. Wie es schien, lebten die Menschen überwiegend in Erdhütten ähnlichen Bunkern in denen sie wahrscheinlich auch das Inferno überstanden hatten.

Aber weder von ihrem Elternhaus, noch von dem Haus Katherinas war Erhaltenswertes übrig geblieben. Marie hatte schon eine ganze Weile vor den Trümmern Katherinas Hauses gestanden und konnte es einfach nicht fassen, dass ihr Haus nun auch zu ihrem Grab geworden war. Versuche, einzelne verkohlte Balken beiseitezuräumen, um eventuell Anzeichen auf Katherina zu finden, unterließ sie bald weil es einfach aussichtslos war und sie nicht wusste, wo sie überhaupt suchen sollte.

„Wenn doch Johann da wäre, könnten wir die Trümmer gemeinsam wegräumen und Katherina in ein würdiges Grab legen. Das wäre das Mindeste gewesen, das ich für sie tun könnte“, sagte sie sich.

Dabei konnte sie nicht verhindern, dass ihr die Tränen wieder über die Wangen liefen. Sie ließ es geschehen. Es bedrückte sie, im Moment für ihre Katherina, der sie ihr Leben zu verdanken hatte, nichts tun zu können.

Nach einem Augenblick trocknete sie ihre Tränen mit der Rückseite ihrer Hände, die mit Ruß und Staub verschmutzt waren, was sie nun auf ihre Wangen übertrug.

Dann hatte sie es plötzlich eilig, von diesen schrecklichen Anblicken wegzukommen und sah sich doch immer wieder neuen, schlimmen Eindrücken ausgesetzt. Sie wollte nichts mehr sehen und nur noch die Nähe des Friedländer Tores erkunden, wo Johann um die Stadt gekämpft hatte.
Sooft sie bei diesem Thema Neubrandenburger Bürger angesprochen hatte, was hier geschehen sei, erfuhr sie nur Schreckliches. Immer hörte sie, dass alle Verteidiger umgekommen seien, da sie sich in der Toranlage in einer regelrechten Falle befunden hätten. Man hätte alle Gefallenen, vor allem schwedische Soldaten, schon in den nächsten Tagen beerdigt, um keine Krankheiten entstehen zu lassen. Maria war bei diesen Gesprächen immer schockiert, da Johann ja auch als schwedischer Soldat galt. Sie hatte diesen Gedanken, dass auch Johann dabei gewesen sein könnte, immer wieder unterdrückt. Sie wollte ihn einfach nicht zulassen. Jetzt, wie sie vor dem Tor stand, drängte er sich immer wieder auf.
Von außen schien die Toranlage unversehrt, als sei hier nichts geschehen. Das war ein solcher Kontrast zu dem allgemeinen Eindruck der Stadt der unwirklich schien. Es gab keine Anzeichen von Brandschäden oder anderen Verwüstungen am Mauerwerk. Das wunderte sie, da sie ja wusste, dass hier die härtesten Kämpfe geführt wurden.
Sie hatte das innere Tor von der Stadt her durchschritten, als ihr ein eigenartiger und ungewohnt strenger Geruch entgegenschlug. Maria schreckte zurück. Der Boden des Innenhofes war übersät mit getrockneten Blutlachen. Einzelne Stofffetzen, zerbrochene Schwertteile, ganze Uniformteile wie Gurte, Schuhwerk und Unrat lagen dort herum. Sie hatte gehofft, hier im Tor Leben vorzufinden, jemand anzutreffen, der ihr nähere Auskünfte über das Geschehen hätte geben können. Erst wie sie diese öde, elende Hinterlassenschaft gesehen hatte, wusste sie, wie unsinnig ihre Hoffnung war. Bei dem Gedanken hier irgendwo über eine Blutlache ihres Johanns zu steigen, durchfuhr ihr ein Schauder. Sie wollte jetzt nur schnell fort von diesem schrecklichen Ort.
„Wie können sich Menschen nur so etwas antun“, fragte sie sich immer wieder.
Maria war der Verzweiflung nahe. Sie hatte immer gehofft, hier vielleicht ein Anzeichen dafür zu finden, ob überhaupt ein Entkommen möglich gewesen wäre. Nun stand sie da, der Verzweiflung nahe und wusste sich keinen Rat.
„Hier gibt es keine Hoffnung mehr“, gestand sie sich ein und war einfach erschüttert.

Maria sah auf die Ausgänge, die man jetzt geräumt und wieder zugängig gemacht hatte. Sie hatte den sehnlichsten Wunsch irgendein Anzeichen dafür mitnehmen zu können, an das sie ihre Hoffnung hätte knüpfen können, dass Johann diesem Gemetzel doch entkommen sein konnte. Dann sah sie im Zingel einzelne erweiterte Schießscharten und fragte sich, ob es wohl möglich war, dass einzelne Kämpfer dadurch entweichen konnten.

Daran knüpfte sie jetzt alle ihre Hoffnungen, dass es vielleicht auch ihrem Johann gelungen war, durch eine der Schießscharten nach außen zu gelangen oder über die Stadtmauer zu fliehen.

Immer blieb aber ein beträchtliches Maß an Enttäuschung mit der sie wieder den Heimweg antrat. Sie musste sich doch eingestehen, dass sie eher auf das Schlimmste gefasst sein musste und jede Hoffnung, ihren Johann lebend wieder zu sehen, doch sehr unwahrscheinlich war. Das hatte seine Ursache vor allem auch darin, dass sie daran denken musste, dass Johann doch ihre Scheune hinter dem Hospital kannte.

„Wenn Johann am Leben ist und aus dem Zingel entweichen konnte, hätte er doch sicherlich auch versucht, mich dort zu finden“, sagte sie sich.

Ihre Enttäuschung war plötzlich wieder grenzenlos.

Maria hatte die Scheune noch gar nicht betreten, als der Kleine sie bestürmte:

„Hast du meinen Papa gefunden?“

Erkundigte er sich und strahlte seine Mutter erwartungsvoll an. Seine hoffnungsvollen strahlenden Augen des Kleinen und die Tatsache, ihn wieder enttäuschen zu müssen nahm ihr die letzte Kraft. Sie schüttelte daher nur den Kopf, weil ihre Stimme versagt hätte.

Hanning sah sie enttäuscht an:

„Dann helfe ich dir suchen“, bot er sich an und sah sich nach seinem Mantel um, um es gleich zu tun. Im Suchen hielt er sich für viel besser als seine Mutter.

Betroffen wandte er sich ab und konnte die Welt der Großen einfach nicht verstehen.

8. Gibt es eine Zukunft?

Schon nach wenigen Tagen nach der Erstürmung Neubrandenburgs waren die tillyschen Truppen wieder abgezogen, ohne Besatzungskräfte zu hinterlassen. Offensichtlich ging es ihnen vorrangig darum, auch andere protestantische Städte und Regionen im nördlichen Raum auszurauben und niederzumachen. Dabei stand im Vordergrund der Planung der katholischen Liga, ein entscheidendes Zentrum der Protestanten im nordischen Raum, Magdeburg, auszuschalten. Papst Urban hatte Magdeburg als das „Ketzernest" des Glaubens verschrien und damit Prämissen für ein grausames, brutales Vorgehen seiner Truppen in Magdeburg gesetzt.
In Neubrandenburg galt es, trotz der vorliegenden Verwüstung, möglichst bald wieder ein geordnetes Leben einziehen zu lassen.
Maria durchlebte sorgenvolle Tage. Nun, wo für die Familie alle störenden Umstände ausgeräumt zu sein schienen und Harmonie einziehen könnte, drängte sich ihr ein viel ernsteres Problem auf. Maria hatte von Tag zu Tag immer gehofft, auf irgendeinem Weg ein Lebenszeichen von Johann zu erhalten. Sie war alle Möglichkeiten, die Johann geschehen sein könnten, in Gedanken durchgegangen. Die Überlegung, dass mit Johann etwas Schlimmes geschehen sein musste, verfestigte sich von Tag zu Tag und endete mit der Überlegung: „Sonst hätte er sich doch schon längst gemeldet."
Von diesem Gedanken getrieben brach es aus ihr heraus: „Ich muss selbst etwas unternehmen, um in Erfahrung zu bringen, was geschehen, was in dem Kampf um das Friedländer Tor vorgefallen ist und ob ein Entkommen aus der Stadt möglich war."
Als sie wieder einmal in den Trümmern der trostlosen Stadt unterwegs war, blieb sie plötzlich stehen. Wie von einer unsichtbaren Kraft gestoppt, stand sie für einen Augenblick etwas irritierend da. Ihr war eingefallen, dass Johann bei einem seiner Besuche erwähnt hatte, dass Maria, wenn sie nicht wüsste, wo sich Johann befindet, könne sie sich bei jeder schwedischen Einheit Auskünfte einholen. Sie müsse sich nur nach dem Standort der Truppe vom General von Kniephausen erkundigen. Dabei hatte sie auch in Erinnerung, dass vor dem Überfall auf Neubrandenburg eine schwedische Einheit in Treptow (Altentreptow) stationiert gewesen sein soll. Im Nu erhellte sich Marias Stimmung und die Hoffnung, zumindest einen Anhaltspunkt zu erhalten, dem sie nachgehen könnte.

Marie war jetzt fest entschlossen, dieser Möglichkeit nachzugehen.
Schon am nächsten Tag rüstete sie sich für diese Reise, die sicher mehrere Tage dauern würde. Aus einem Gespräch ihrer Eltern hatte sie herausgehört, dass sie beabsichtigen, ihrer Tochter bei der Suche nach Johann behilflich sein zu wollen. Welcher Art diese Hilfe sein könnte wurde dabei nicht gesagt.
Am Tag darauf war es dann so weit. Maria hatte ihren Rucksack mit Kleidung und Marschverpflegung gepackt. Sie hatte sich auch ein paar Ersparnisse eingesteckt, wobei ihre Mutter noch einen Lederbeutel mit Silberstücken dazugetan hatte. Wahrscheinlich war das die Hilfe, die sich die Eltern vorgenommen hatten, vermutete Maria.
Sie hatte sich von der Mutter und ihrem Sohn verabschiedet und sah sich nach ihrem Vater um. Der saß etwas abseits scheinbar desinteressiert auf seinem Wagen und machte keinerlei Anstalten, seiner Tochter auch Erfolg zu wünschen. Ohne weitere Erklärung forderte er sie auf, neben ihm Platz zu nehmen. Maria war für den Moment irritiert. Sie wusste nicht, wie sie sich das zu erklären hatte.
„Ich will doch Johannes suchen", glaubte sie, ihren Vater erinnern zu müssen.
„Ich auch", antwortete er mit einem Schmunzeln über die gelungene Überraschung.
Sie ließ ihren geschnürten Beutel fallen, kletterte zu ihrem Vater auf den Wagen, umfasste ihn und drückte ihr Gesicht in seine Schulter. Sie verstand diese Geste ihres Vaters vor allem auch als Ausdruck dafür, dass die Atmosphäre der Vergangenheit endgültig vergessen sein sollte.
Da sich auch der kleine Hanning ein solches Verhalten nicht erklären konnte, sah er von seiner Mutter wieder zu seiner Oma, von der er sich eine Erklärung erhoffte.
Seine Oma nahm ihn an die Hand und die andere legte sie vor freudiger Überraschung und innerer Rührung vor ihren Mund.
Ein solches Bild hatte auch sie das letzte Mal vor vielen Jahren gesehen, als Maria noch klein war. Die Mutter reichte dann Marias Beutel auf den Wagen zu ihrer Tochter, die vor Freude strahlte, dass man sie, bei der Suche nach ihrem Johann, nicht alleine lassen wollte.
Das Wetter passte zu ihrer Stimmung. Es war ein herrlicher Frühlingstag. Maria nahm ihn als gutes Omen dafür, dass ihre Reise erfolgreich ausgehen würde. Irgendein inneres Gefühl sagte ihr, dass es gar nicht anders sein könne.
Sie hatten bald die Umgebung von Treptow erreicht und Ausschau nach

einem schwedischen Lager gehalten. Erst mithilfe eines Bauern, der bei der Frühjahrsbestellung war, erfuhren sie, wo sie in etwa auf eine schwedische Truppe stoßen würden.

Wie es schien, war die Einheit dabei, Vorbereitungen zu treffen um ihren Standort zu verlegen. Es herrschte emsige Aufbruchsstimmung. Alles war in eifriger Bewegung. Man war dabei, Zelte und Ausrüstungsgegenstände zu verstauen. In dieser unruhigen Atmosphäre war es schwer, jemand zu finden, der sich ansprechen ließ und noch schwieriger war es, sich verständlich zu machen. Einer verwies sie an den anderen. Immer hörten sie:

„Jag förstà inte!“ (Ich verstehe nicht)

Dann endlich fand sich jemand, der einigermaßen deutsch sprach, ihr Anliegen verstand und sie zu einem Offizier führte, der informiert sein müsste. Er ließ sich ihr Anliegen übersetzen und schien interessiert zu sein. Maria war voller Hoffnung, da aus dem Gespräch der beiden wiederholt der Begriff „Brandenborg“ herauszuhören war. Maria sah ihn hoffnungsvoll an und hing förmlich an seinen Lippen über die sie gleich eine freudige Auskunft zu erfahren hoffte. Der befragte schwedische Soldat schüttelte dann aber den Kopf, mit dem das Fünkchen Hoffnung bei Maria gleich wieder erloschen war.

Aber immerhin glaubte sie, eher aus der Reaktion herausgehört zu haben, dass Soldaten aus „Brandenborg“ hier in diesem Stützpunkt gewesen sein müssten. In gebrochenem Deutsch wurde ihr dann erklärt:

„Nur wenige Soldat aus Brandenborg, waren da, aber keine Namen. Weitergefahren“. wobei er in Richtung Norden zeigte.

Bei Maria war wieder alles offen, Hoffnung und Enttäuschung wechselten sich ab.

„Immerhin hat es aber einzelne Soldaten gegeben, die aus dem Kessel ausbrechen konnten.“ Warum sollte denn nicht auch Johannes dabei gewesen sein, weil er doch die Möglichkeiten, am besten gekannt hat“, redete sie sich ein.

Der einzige Gedanke, der sie beherrschte, war, den schwedischen Soldaten, die in Richtung Norden gezogen waren, zu folgen.

Sie war schon im Begriff das Gespräch abzubrechen, als dem Offizier sicher noch eine Möglichkeit eingefallen war, sich genauer zu informieren, und hielt Maria für einen Augenblick zurück.

Er erkundigte sich bei einem vorbeikommenden Soldaten, der im Krankenrevier Dienst gemacht hatte, nach einem Umstand, den Maria aber nicht verstand. In dem Gespräch, das der Offizier mit dem Sanitäter führte, hatte sie aber herausgehört, dass er sich nach einem Soldaten, Johannes Wagner, erkundig hatte. Maria hielt den Atem an und starrte auf den befragten Sanitäter. Als der dann auffällig mit dem Kopf nickte, schien Maria den Boden unter den Füssen zu verlieren. Sie suchte nach einem Halt und klammerte sich an ihrem Vater fest.

Der Sanitäter wandte sich dann an Maria.

„Johann Wagner suchen?“ fragte der in gebrochenem Deutsch.

Maria fürchtete ihre Sinne zu verlieren.

„Ja, ich notiert Verwundeten. Johann Wagner. War wenige Tage hier und haben wir versorgt!“

Er sagte das in einer sachlichen und beiläufig klingenden Art als ging es nur um einen Verwaltungsakt und wollte schon weitergehen. Er dachte offenbar, dass sich die Sache mit seiner Auskunft erledigt habe. Er konnte ja nicht ahnen, welche Bedeutung diese wenigen Worte für Maria hatten.

Sie hielt ihn am Ärmel zurück, war aber für den Augenblick außerstande, sich näher zu erklären. Sie rang einfach um Fassung und versuchte sich gleichzeitig zu konzentrieren. Diese Bemerkung war für sie von einer so überwältigenden Bedeutung, dass sie ihre Sinne zu verwirren drohten. Sie hätte vor Freude heulen können. Der Soldat, dessen Ärmel sie immer noch festhielt sah sie groß an und konnte sich ihre Reaktion zunächst nicht erklären.

Maria hielt ihn fest, als müsse sie befürchten, dass er diesen Satz mit seinem Fortgehen wieder mitnehmen und ungeschehen machen könnte. Er bedeutete für Maria doch soviel unbändige Freude, die sie für den Augenblick nicht auszudrücken wusste. Dieser Satz hatte Maria von einem Moment zum anderen in einen Zustand versetzt, bei dem sie wieder den Halt zu verlieren schien. Sie bat den Soldaten, seine Erklärung zu wiederholen, weil sie sicher sein wollte, sich nicht verhört zu heben.

Der Sanitäter bestätigte seine Erklärung erneut und wollte nähere Ausführungen machen woran er aber im gleichen Moment massiv gehindert wurde. Maria war ihm um den Hals gefallen und drückte ihn fest an sich.

Erst nach einer ganzen Weile bat Maria ihn um Entschuldigung, erklärte dem Sanitäter, welche Bedeutung seine Auskunft für sie habe und bat ihn, ihr die näheren Umstände zu schildern.

So erfuhr sie, dass Johann eine Verletzung am Schlüsselbein hatte, wobei wahrscheinlich auch das Schultergelenk in Mitleidenschaft gezogen wurde. Maria nahm seine Schilderung hin, ohne sie sich näher erklären zu lassen. Für sie waren diese Details nur eine Bestätigung dafür, dass ihr Johann am Leben sei. Alles andere war in dem Augenblick völlig untergeordnet. Maria ließ sich daher zunächst auch nur ausführlicher erklären, wann und wohin man Johann gebracht hatte.

Der Sanitäter schilderte dabei auch, dass Johann darauf bestanden hätte wieder nach Neubrandenburg zu seiner Familie geschickt zu werden, was man ihm aber untersagen musste, weil Tillys Truppen noch in und um Neubrandenburg waren. Außerdem sei es wegen seines Zustandes einfach nicht möglich, sich solchen Belastungen auszusetzen. Aus dem Grunde hatte man ihn zusammen mit anderen Verwundeten vor einigen Tagen nach Greifswald oder nach Stralsund geschafft, wo entsprechende Behandlungsmöglichkeiten bestehen würden.

Johann hätte aber nachdrücklich darum gebeten, dafür zu sorgen, dass seine Mutter und seine Braut verständigt würden. Er hatte einen Brief an beide mit der Anschrift seiner Mutter hinterlassen und gehofft, dass er den Adressaten erreichen würde. Das sei dann wohl über deutsche Instanzen gelaufen, so meinte der Sanitäter. Wenn bisher noch keine Nachricht angekommen sei, so könne das möglicherweise aber daran liegen, dass die Anschrift des Adressaten nicht mehr auffindbar war.

Dann erinnerte sich der Sanitäter, dass noch ein Soldat aus seiner Einheit einige Tage im Krankenrevier neben ihm gelegen habe, mit dem sich Johann häufiger unterhalten hätte.

„Der kann erzählen, wie aus Zwinger in Neubrandenborg ausgebrochen."

Der herbeigerufene schwedische Soldat schilderte Maria und ihrem Vater dann in gebrochenem Deutsch, wie es Johann gelungen sei, aus der Stadt herauszukommen:

Nach seiner Schilderung wäre alles so überraschend gekommen, worauf sie nicht eingerichtet waren. Wenn sie die wirkliche Lage schon früher gekannt hätten, so sagte er, wäre ihnen auch etwas eingefallen, um aus der Stadt herauszukommen. Erst nachdem völlige Dunkelheit geherrscht hat und abzusehen war, dass keine Aussicht auf ihre Befreiung bestand, wären sie auf den Gedanken gekommen, die schmale Schießscharte im Zingel so zu erweitern, dass ihre Körper hindurch passten. Sie hätten dann die ganze Nacht abwechselnd mit ihren Schwertern den Mörtel aus den Fugen herausgekratzt. An einer Strippe aus Stofffetzen und Gurten hätten sie sich etwa die 3 Meter bis zum Boden heruntergelassen. Johann soll es mit seiner Verwundung am schwersten gehabt

haben. Zwei Leute hätten ihn von unten in Empfang genommen.
Er hätte dann seinen Kameraden zeigen können, in welche Richtung sie sich bewegen mussten, so dass sie bald aus der Gefahrenzone waren.
Die Kaiserlichen wären ihnen eigentlich durch ihre Saufgelagen und ihr Gegröle sogar behilflich gewesen, weil sie das Kratzen an der Schießscharte durch den Lärm in der Stadt übertönt hätten."
Maria lebte mit ihren Gefühlen plötzlich in einer anderen Welt. Sie war unendlich glücklich und hätte die ganze Welt umarmen können. Alles in ihr jubelte und überwältigte sie mit einer Freude, die ihr nach so vielen Prüfungen gut tat. Sie fühlte sich wie ein anderer Mensch, der zu den verrücktesten Dingen fähig gewesen wäre.
Dennoch konnte sie sich im Augenblick nicht entscheiden, was sie als nächstes unternehmen sollte. Ihr Hauptanliegen hatte sich ja eigentlich erfüllt. Sie wusste, dass Johann lebt und konnte annehmen, dass er in guten Händen ist. Alles Weitere müsste dann ohnehin erst nach seiner Genesung entschieden werden.
Dennoch hätte sie ihre Reise am liebsten sofort fortgesetzt, wenn sie nur gewusst hätte, wo sie ihren Johann finden könnte.
Ihr Vater erahnte ihre wachsende Unentschlossenheit und versuchte sie zu überreden, ihre zukünftigen Schritte nicht zu überstürzen, sondern gründlicher zu überdenken und vorzubereiten.
„Sieh' einmal, wenn es darum geht, eine so weite Reise nach Stralsund zu unternehmen, sollten wir sie besser vorbereiten. Das könnte ja schon in den nächsten Tagen geschehen." Dabei entwickelte er seine Vorstellungen und wies auf Gefahren und Schwierigkeiten hin.
Das ganze Gerede rauschte an Maria vorbei, weil es für sie einfach keine Bedeutung hatte.
Erst als Ihr Vater ein Argument nannte, dem sie sich absolut nicht entziehen konnte, schien sie wieder hellwach zu sein.
„Ich will dir da nicht reinreden, du musst selbst entscheiden, was du für richtig hältst. Aber meinst du nicht auch, dass wir zunächst prüfen sollten, ob im Stadtamt in Neubrandenburg ein Schreiben für dich und Katherina vorliegt? Vielleicht steht dort sogar drin, wohin sie Johann schaffen wollten oder wo ihr euch treffen könnt."
Maria sah ihren Vater groß an:
Seine Argumente klangen auch für Maria plötzlich überzeugend. Sie freute sich unbändig darüber, was sie dann auch sagte.

Sie musste nicht lange überlegen, sondern war sofort überzeugt, dass das wohl der richtigere Weg war und willigte ein, mit ihm zurückzufahren.
Maria genoss den gleichen Rückweg mit ganz anderen Empfindungen. Alles in ihr jubelte. Die Vögel schienen ihre Stimmung nur für sie mit ihrem nicht abreißenden Gesang untermalen zu wollen. Alles, die Sonnenstrahlen, die hellen Wolkenballen am azurblauen Himmel, das erste Grün im Revier, die übermütig herumtollenden Hasen, bezog sie auf sich. Als würde alles nur geschehen, um ihre Freude zu machen. Weil sie alles, die ganze Umgebung mit einer nicht auszudrückenden Freude wahrnehm, verlief die Rückfahrt in einer Kürze wie sie es nicht erwartet hatte. Plötzlich kamen schon die Tore Neubrandenburgs in Sicht und St. Marien. Sie freute sich unbändig, gute Nachrichten mitzubringen und die Freude darüber mit ihrer Familie teilen zu können.
Hanning, der vor der Scheune spielte, begrüßte sie mit der Frage:
„Hast du unseren Papa gefunden?"
„Unser Papa lebt!" rief Maria freudig aus, was auch für die Oma gelten sollte. Das war für den Kleinen aber überhaupt kein Problem. Dass sein Papa plötzlich nicht mehr leben sollte, hätte er sich sowieso nicht vorstellen können. Daher konnte er sich über diese Nachricht auch nicht so richtig freuen. So fragte er dann auch eher enttäuscht zurück:
„Und warum hast du ihn denn nicht mitgebracht?"
„Dein Papa hat doch gekämpft gegen die Besatzer. Dabei hat er eine große Verwundung erlitten, die erst richtig verheilen muss. Dann kommt er ganz bestimmt!"
„Und dann kommt er ganz bestimmt?"
ließ er sich noch einmal ausdrücklich bestätigen.
Gleich am nächsten Morgen machte sich Maria auf den Weg ins Stadtamt. Es war immer noch im alten Rathaus der Stadt mitten auf dem Marktplatz untergebracht. Es sah zwar sehr ramponiert aus, hatte aber die Wirren der letzten Tage doch einigermaßen überstanden.
Dort gab es eine Stelle, bei der Suchanträge aufgegeben oder andere Nachrichten hinterlassen werden konnten und auch hinterlegte Post aufbewahrt wurde.
Klopfenden Herzens, aber voller Erwartung trug Maria ihr Anliegen vor. Es dauerte eine ganze Weile. Maria hatte schon Zweifel, dass sie unverrichteter Dinge wieder gehen müsse. Dann erkundigte sich der Bearbeiter noch einmal

nach dem Namen und der Adresse. Schließlich entnahm er ein Schriftstück und fragte:
„Sind sie Katherina Wagner?
„Nein, aber das ist meine Schwiegermutter, die in der Brandnacht umgekommen ist."
Ob sie denn die genaue Anschrift wisse, wollte er wissen. Da Maria sie kannte begnügte er sich aber mit der Antwort und übergab ihr den Brief, der für Maria die Bedeutung eines unermesslichen Schatzes hatte.
Sie suchte sich eine ruhigere Ecke und öffnete ihn. Er enthielt zwei beschriebene Zettel mit wenigen Worten, die an sie und Johanns Mutter gerichtet waren. Eilig überflog sie die Zeilen, weil sie die Zeit einfach nicht abwarten konnte, um zu erfahren, wie es ihrem Johann geht und wo er sich aufhält.
Dann las sie den Brief noch einmal in aller Ruhe:
„Liebste Maria, nun haben uns die Umstände doch wieder getrennt. Aber hoffentlich nur für kurze Zeit. Ich habe während der Schlacht eine Verwundung davongetragen, die ich erst ausheilen muss. Man wollte mich nach Greifswald verlegen. Da der Transport aber auch nach Stralsund geht, habe ich gebeten, mich dahin mitzunehmen. Es bleibt daher bei unserer Vereinbarung, dass wir uns bei meiner alten schwedischen Gesellschaft oder bei Mudder Schuld in Stralsund wieder sehen. Ich freue mich schon darauf.

Dein Johann."

Maria strahlte vor Glück, schloss die Augen, lehnte den Kopf zurück, um diesen Augenblick ungestört zu genießen. Es war für sie das erste wirklich persönliche Lebenszeichen von Johann. Sie hat das Schreiben immer noch einmal gelesen. Dann verwahrte sie es in ihrer Tasche. Die Art, wie sie das tat, verriet, als hätte sie es plötzlich eilig und müsste befürchten, unnötig Zeit zu versäumen. Sie wollte die Freude über diese Neuigkeiten zusammen mit ihrer Familie teilen.
Die gesamte Familie nutzte noch am gleichen Abend die Zeit, gemeinsam zu beraten, was als erstes getan werden müsse. Darin, dass Maria gleich die erste Gelegenheit nutzen sollte, um mit einer der Kaufmannskarawanen nach Stralsund zu reisen, bestand völlige Übereinstimmung.
Der Vater hatte bei diesem Gedankenaustausch wieder seine Vorstellungen von der Gestaltung einer gemeinsamen Zukunft aufgeworfen. Wie sich zeigte, hatte er sich mit seinen Vorstellungen schon längere Zeit beschäftigt. Sie

unterschieden sich von seinen ersten Überlegungen allerdings nur dadurch, dass sie jetzt dringender und aktueller waren und dass jetzt mit Johann, statt mit Marias Mann, Wilhelm, geplant werden müsse. Das ganze Projekt lief darauf hinaus, die außerhalb der Stadt vorhandene Scheune und Stallung entsprechend auszubauen wobei jetzt auch zusätzlicher Wohnraum einkalkuliert werden musste. Der Vater bat seine Tochter, ihrem Johann das Projekt schmackhaft zu machen. Er wolle auch für alle entstehenden Kosten aufkommen.

„Lass' es uns doch erst einmal abwarten, welche Pläne Johann hat", beendete Maria das Thema.

Schon am nächsten Tag bemühte sich Maria, herauszubekommen wie es jetzt mit den Händlerkarawanen bestellt ist, ob sie überhaupt schon wieder fahren und ob sie eine Möglichkeit findet, da mitreisen zu können.

Im Stadtamt konnte ihr nichts Verbindliches gesagt werden. Man war schließlich so verblieben, dass Maria sich erkundigen sollte, ob es wieder Markttage gibt und die Händler weiter in nördliche Richtung fahren würden.

Schließlich hatte sich Maria für ein entsprechendes Mitfahrgeld die Gelegenheit erkauft, bei einem Stoff- und Wollhändler mitfahren zu dürfen. Der Stoffhändler verband seine Erzählungen unterwegs immer wieder damit, Maria das Einsteigen als Händlerin schmackhaft machen zu wollen. Er konnte ja nicht wissen, wie aussichtslos seine Bemühungen waren.

Sie hatten nach einigen Tagen die letzte Erhebung vor Stralsund erreicht. Die Kolonnenspitze hatte, wie immer an dieser Stelle, eine kurze Rast eingelegt. Für die „Landeier", bot sich hier ein reizvolles Bild. Die große Meeresbucht, die sich am Horizont immer weiter zum offenen Meer öffnete und die vielen Möwen, die hier die vorherrschende Rolle der Rabenvögel im Landesinnern einnahmen. Es war für Alle einfach ein Muss, dieses Bild für einige Augenblicke zu genießen.

Auch Maria sah zum ersten Mal ein solches reizvolles Bild und war begeistert. Und, dass es sich hinter der dort sichtbaren Insel Rügen noch weiter fortsetzen sollte, schien ihr einfach unvorstellbar. Je näher sie dem Hafen kam, desto aufgeregter wurde sie. Sie hatte sich in der Nähe des Hafens absetzen lassen und sah sich nun gespannt nach der schwedischen Niederlassung um.

Hier herrschte ein ungewohntes fremdartiges Treiben. Die Leute schienen es alle eilig zu haben und dann der strenge ungewohnte Geruch nach Meer und Fisch. Es verlief dennoch alles geordnet, kein Schreien, kein Rufen. Insofern herrschte eine eigenartige Stille. Nur das gelegentliche schrille Kreischen der

Möwen, die alle durcheinander flogen und sich dann alle, wie auf Kommando auf etwas fressbares stürzten beherrschten die Szenerie. Das kannte sie aus ihrer Heimat nicht. Dort am Tollensesee sah man nur immer einzelne Möwen am Ufer entlang streichen, die völlig unaufdringlich waren und keine Unruhe verbreiteten, wie es hier der Fall ist.

Die hier herrschende Atmosphäre war ihr absolut fremdartig und vielleicht gerade deshalb anziehend und machte irgendwie neugierig. Hier würde sie gerne längere Zeit verweilen wollen, sagte sich sie und war für einen Augenblick. in eine Träumerei verfallen,

Dann hatte sie es aber wieder eilig und war von einer inneren, so nie gekannten Unruhe getrieben. Sie musste die „Schwedische Handelsgesellschaft" zu finden, die hier am Kai ihren Sitz hatte. Nach ein paar Schritten stand sie bereits davor. Sie zögerte einen Augenblick, um sich zu konzentrieren. Dann trat sie entschlossen ein.

Auch das Büro, in dem sie jetzt stand, wirkte fremdartig. Die Einrichtung, das maritime Flair und selbst die Menschen, die hinter den Tischen mit Papier und dicken Büchern beladenen Tischen saßen, machten einen ungewohnten Eindruck.

Sie wandte sich mit ihrer Frage an einen am nächsten sitzenden jungen Mann, mit dienstbeflissender Miene.

Nachdem sie sich als die Braut von Johann Wagner vorgestellt und ihre Bitte geäußert hatte, begrüßte er sie freudig mit Handschlag, als wäre sie eine alte Bekannte. Er rief seinen Kollegen zu:

„Dass ist Maria, die Braut von Johann Wagner".

Alle Beschäftigten, die sie zuvor noch völlig unbeachtet gelassen hatte, lächelten ihr nun freundlich zu. Das war ein Zeichen dafür, dass man Johann hier nicht nur kannte, sondern ihn offensichtlich schätzte. Sicherlich trug auch die Tatsache zu seinem Ruf bei, dass Johann freiwillig in der schwedischen Armee gedient hat. Auch die Tatsache, dass er einige Kämpfe überstanden und eine schwere Verwundung davongetragen hatte, schien ihm hier zur besonderen Ehre zu gereichen.

Man erklärte ihr dann, dass Johann noch im städtischen Hospital läge und dass man ihm in den nächsten Tagen seinen Stützverband abnehmen würde. Nachdem Maria ihren Wunsch geäußert hatte, hier in Stralsund ein Quartier zu finden, um Johann zu besuchen zu können, wurde der junge Mann, den sie zuerst angesprochen hatte, beauftragt, Maria dabei zu begleiten.

Um ihre Dankbarkeit für die freundliche Aufnahme durch Johanns Kollegen auszudrücken, bedankte sich Maria laut in den Raum hinein und verabschiedete sich.

Das Quartier von Mudder Schuld war schnell gefunden. Nachdem sie ihr Anliegen vorgetragen und sich vorgestellt hatte, erlebte sie die gleiche freundliche Aufnahme.

Mudder Schuld schlug gleich den vertraulichen Ton an und begrüßte Maria wie eine alte Bekannte.

„Ick häw doch all up di töft. Johann het mi väl von di vertellt." (Ich hab' doch schon auf dich gewartet. Johann hat mir viel von dir erzählt.)

Dann nahm sie Maria dass Bündel ab, stieg mit ihr eine schmale Stiege empor und öffnete eine Kammertür. Von dort aus hatte man einen herrlichen Blick auf einen großen Platz, der wohl der Marktplatz der Stadt war.

Auffällig war, dass man die Balkenkonstruktion des Hauses, die hier im Zimmer ausgeprägt war, auch in die karge Einrichtung einbezogen hatte. Auf einer Art Spiegelkommode stand eine Karaffe, die schon mit Wasser gefüllt war, eine große Blechschüssel, die als Waschbecken dienen sollte und am Boden ein Holzeimer für das Schmutzwasser, stellten die sanitäre Einrichtung dar. Ein übergroßes Bett füllte fast die Hälfte der Kammer. Darin hätte sicher eine ganze Familie Platz gefunden.

An Einrichtungsgegenständen fanden sich ein kleiner Tisch, der unter dem Fenster stand und zwei Stühle, von denen aus man einen guten Blick auf den Markt hatte. Als Kleiderschrank diente durch einen Vorhang von einem Balken zum anderen abgeteilt, eine geräumige Ecke. An der einen Seite stand ein Regal mit mehreren Fächern und an der anderen befand sich ein großer Holzkleiderhaken für die Unterbringung von Jacken und Mäntel. Maria war begeistert und hatte gleich schon ihren Lieblingsplatz vorne am Fenster für sich in Beschlag genommen.

„Johann het de Koama all vör ein por Doach för juch bestellt. He het sich dat woll dacht, dat he rut kümmt ut dat Hospital unn dat du oak kümmst und het vörsoacht." (Johann hat die Kammer vor ein paar Tagen für euch bestellt. Er hatte sich das wohl gedacht, dass er raus kommt aus dem Hospital und dass du auch kommst und hat vorgesorgt.)

Es ging schon auf den Abend zu, als Maria mit ihrem Begleiter vor dem städtischen Hospital stand. Sie war freudig erregt, nach einer so langen Zeit ihren Johann wieder zu sehen. Zugleich war sie aber auch bedrückt, weil sie nicht

wusste, wie sehr ihn seine Verwundung behindert. und vor allem, wie sie es Johann sagen könnte, dass seine Mutter das Massaker nicht überstanden hat. Eine Schwester hatte sie in das Zimmer geführt, in dem Johann lag. Die kleinen Fenster ließen nur ein dämmriges Licht zu. Maria hatte ihren Johann dennoch sofort erkannt, wobei ihr vor allem sein massiger Stützverband aufgefallen war. Johann sah völlig teilnahmslos auf den eingetretenen Besuch ohne jegliche Regung. Ganz allmählich zeichneten sich dann in seinem Mienenspiel zunächst zweifelndes Interesse, dann aber überstürzende, freudige Überraschung ab. Johann richtete sich auf und rief:
„Maria?! Das ist doch nicht möglich!?"
Mit seinem gesunden rechten Arm umfasste er Maria und ergänzte dann seine Überraschung:
„Dann habt ihr das Inferno also überstanden. Ich freue mich so ..."
Maria schüttelte heftig den Kopf und konnte nicht verhindern, dass ihr die Tränen Wangen kamen, ihren Johann jetzt enttäuschen zu müssen.
Johann war für den Moment irritiert. Er wusste sich Marias Reaktion zunächst nicht zu erklären. Sie wollte es schildern, sah sich aber völlig außerstande, das Entsetzliche wiederzugeben und schüttelte nur mit dem Kopf. Jeden Versuch die Sprache zu finden, brach sie immer wieder ab.
„Oma Katherina ..." begann sie.
Dann brach sie den Satz wieder ab, weil sie es einfach nicht fertigbrachte, das Ungeheuerliche auszusprechen.
„Was ist mit Oma?" fragte Johann.
Maria senkte den Kopf und schüttelte ihn. Tränen liefen ihr über die Wangen.
„Hat Oma es nicht überlebt?"
Maria nickte nun mit dem Kopf, so dass es jetzt für Johann keine Zweifel mehr gab. Er lehnte sich auf seinem Bett zurück und wandte den Kopf zur Seite, um seine Betroffenheit nicht zu zeigen. Dann hatte er sich gefasst und wollte wissen, wie und wodurch sie gestorben sei.
„Ich werde das Bild einfach nicht los. Es verfolgt mich Tag und Nacht. Katherina hat uns gerettet und sich für uns, für Hanning und mich geopfert ..."
Wieder musste Maria eine Pause machen, um sich zu sammeln. Johann erfasste ihre Hand, um sie zu beruhigen und zu ermuntern. Maria schilderte nun den Hergang, wobei sie sich immer wieder unterbrach. Johann hatte dann aber herausgehört, dass auch sein Sohn am Leben ist und wollte sich das noch einmal ausdrücklich betätigen lassen.

„Ja, Hanning und ich waren dann früh am nächsten Morgen, nachdem wir uns im Rübenkeller versteckt hatten, durch den Lindengraben in der Wollweberstraße raus gekommen aus der Stadt. Hanning ist jetzt bei meinen Eltern in der Scheune bei St. Georg. Du kennst sie doch! Johann nickte nur mit dem Kopf.
„Ich soll dich übrigens herzlich grüßen von meinen Eltern. Ja, und auch von meinem Vater. Wie wir uns das zu erklären haben, erzähle ich dir später. Das Erlebte hat uns alle verändert und hat auch meinem Vater gezeigt, wie unsinnig es ist, sich so egoistisch, gehässig zueinander zu verhalten. Ich glaube, dass es auch für ihn eine große Lehre war", erklärte sie.
Ganz anders klang dann das, was sie von ihrem Sohn zu berichten hatte:
„Von Hanning soll ich dir ausrichten, dass er sich schon ganz toll auf dich freut. Ich soll dich unbedingt mitbringen. Du kannst Dir nicht vorstellen, wie enttäuscht er sein würde, wenn du nicht dabei wärst. Er möchte doch auch einen Vater bei sich haben und vorweisen können wie seine Spielfreunde und dann auch noch einen so tollen Papa, der sogar Soldat war und für seine Heimatstadt so tapfer gekämpft hat", und lächelte dabei.
Johann freute sich, dass auch sein kleiner Sohn ihn vermisst. Jetzt war er es, der um Fassung rang und seine Freude, die ihn überwältigte, nur schlecht verbergen konnte.
„Ich freue mich doch auch schon darauf. Ich hatte doch vom Zingel aus gesehen, dass unser ganzes Viertel in Flammen stand. Du kannst dir nicht vorstellen, was das für ein Gefühl ist, dein eigenes Elternhaus brennen zu sehen und nicht helfen zu können. Dieses Schuldempfinden verfolgt mich Tag und Nacht. Und immer wieder mit den quälenden Gedanken zu leben, nicht zu wissen, was aus euch geworden ist. Das zerrt an den Nerven. Aber jetzt bist du ja da", und strahlte seine Maria immer wieder an.
„Es wird alles gut Maria. Wir müssen damit einfach fertig werden und von vorne beginnen. Morgen nimmt man mir den Stützverband ab. Ich will hoffen, dass ich das Schultergelenk bewegen kann. Selbst wenn es Probleme macht, hoffe ich, dass es mich nicht in meiner künftigen Arbeit sehr behindern wird. Man hat mir hier erklärt, dass man mit mir rechnet. Hier in Stralsund wird eine schwedische Destriktverwaltung eingerichtet, in der ich den Bereich Allgemeine Verwaltung übernehmen soll, zu der auch die Dolmetscher gehören. Du siehst, dass man mich nicht vergessen hat. Durch meinen freiwilligen Einsatz in der Armee spiele ich so etwas wie eine Vorzeigerolle. Und die Tatsache,

dass ich auch noch eine Verwundung davongetragen habe, macht mich sogar zum „Helden". Unsere Zukunft dürfte also auch ohne eine heile Schulter gesichert sein", versuchte er zu spaßen und Maria zu ermuntern.
„Ich freue mich so für dich..." erwiderte sie.
„Für uns, Maria", korrigierte Johann.
Nachdem man Johann am nächsten Tag den Stützverband abgemacht hatte, war er zunächst enttäuscht. Alles schmerzte wahnsinnig, was er sich nicht erklären konnte. An eine Bewegung des Schultergelenkes war überhaupt nicht zu denken. Der kleinste Versuch, es zu bewegen, löste höllische Schmerzen aus. Entsprechend war auch seine Stimmung.
Aber schon in den nächsten Tagen hatte sich sein Befinden spürbar gebessert und damit auch seine Stimmung. Sie hatten beide immer größere Spaziergänge unternommen und Zukunftspläne geschmiedet. Johann hatte sich sehr über den Gesinnungswandel seines zukünftigen Schwiegervaters gefreut, wenngleich er sich an dessen Vorstellung von einer gemeinsamen Wirtschaft nicht begeistern konnte. Das würde für ihn ohnehin nicht in Betracht kommen, da er nicht daran denkt, die ihm hier in Stralsund gebotene Zukunft auszuschlagen. Maria stimmte ihm zu und schlug vor, das Thema einfach zu streichen, weil sie nur ihre gemeinsame Zukunft sehen sollten, völlig unabhängig davon, wie sich das Verhältnis zu ihrem Vater entwickelt. Beide waren sich wieder einmal einig.
Johann führte Maria eines Tages bei einem Spaziergang raus aus der Stadt eine kleine Anhöhe hinauf. Von dort hatte man einen herrlichen Blick auf das Haff, den Strelasund. Unten am Haff standen vereinzelte kleine Fischerkaten mit Stallungen. Über den Gerüsten, die ringsherum standen, hingen Fischernetze. Davor lagen kieloben etliche Kähne. Es war ein friedliches Bild. Maria war sofort wieder in Verzückung geraten und hätte hier lange verweilen können.
Johann wies dann auf eine Fischerkate, die etwas abseits stand.
„Was hältst du von dem Häuschen dort am Wasser mit dem weiß bestrichenen Giebel. Könntest du dir vorstellen, dort dein Leben zu verbringen?" erkundigte er sich bei Maria.
Sie sah ihn groß an und wusste nicht, ob Johann bloß schwärmte oder ob die Art wie er das fragte, einen ernsteren Hintergrund hatte.
„Ich habe bis vor ein paar Tagen mit dem Fischer, dem die Kate gehört, im Hospital in einem Zimmer gelegen. Er spielt mit dem Gedanken, aus Altersgründen seine Arbeit als Fischer aufzugeben und den Katen zu verkaufen und zu seinem Sohn in die Stadt zu ziehen. Den Preis, den er dafür haben wollte,

könnte ich vielleicht schon aufbringen. Außerdem“, so ergänzte er; „soll ich für meinen Dienst in der Armee eine Abfindung bekommen, die mir auch deshalb zusteht, weil ich eine körperliche Behinderung davongetragen habe. Wir werden sehen was daran ist, wenn man mich aus der Armee entlässt. Könnte dir das gefallen?“
Maria hätte Johann am liebsten in den Arm genommen, hielt sich aber im letzten Augenblick zurück. Sie war einfach begeistert und glaubte, in einem Traum gelandet zu sein.
„Wie kannst du danach fragen. Ich will einfach immer nur da sein, wo du bist“, erwiderte sie.
„Wir werden es abwarten. Ich soll ihn besuchen kommen, wenn man mich aus dem Krankenhaus entlassen hat. Wir könnten es uns ja in den nächsten Tagen einmal ansehen.“
Maria war überglücklich.
Nach ein paar Tagen wurde Johann aus dem Krankenhaus entlassen. Sein erster Weg führte ihn zu seiner alten Arbeitsstelle, die ihm ja schon vorher signalisiert hatte, dass er gebraucht würde. Dort erfuhr er, dass er im Herbst seine neue Stelle antreten müsse. Bis dahin würde er in der Handelsniederlassung wie bisher als Sprachmittler arbeiten können. Man entsprach auch seiner Bitte, ihm noch einige Tage Freistellung zu gewähren, um notwendig gewordene Familienangelegenheiten in seiner Heimat zu regeln.
Johann war froh, dass es alles so reibungslos lief. Er führte das auch auf die Wertschätzung, zurück, die ihm von allen schwedischen Einrichtungen zuteilwird. Er hätte sich das nie so vorgestellt.
Auch seine Ausmusterung aus der Armee, die wegen seiner Verletzung erfolgen müsse, konnte er in Stralsund erledigen. In dem Zuge erlebte er eine weitere Überraschung. Die Ausmusterung war durchaus kein simpler Verwaltungsakt, sondern wurde mit einer förmlichen Ehrung und einer kleinen Abfindung verbunden, auf die Johann nun gar nicht eingestellt war. Er war sich sicher, dass sie ihn aber dennoch in die Lage versetzt, die vorgesehene Familiengründung vornehmen und sich einige Wünsche erfüllen zu können.
Schon in den nächsten Tagen traten beide die Rückreise nach Neubrandenburg an. Sie hatten dazu wieder einen Händlertreck genutzt.
An einem frühen Nachmittag waren Maria und Johann wieder in Neubrandenburg. Ihr erster Weg führte sie zu der Behelfswohnung von Marias Eltern bei St. Georg.

Ihr Sohn, Hanning, spielte vor der Tür und sah den Besuch skeptisch und argwöhnisch näherkommen. Er war überhaupt nicht darauf eingestellt, dass es seine Eltern sein könnten. Als er sie erkannt hatte warf er sein Spielzeug zur Seite und rannte zuerst zu seiner Oma ins Haus, und schrie aus Leibeskräften:
„Mama ist da und hat meinen Papa gefunden!"
Seine Oma wollte das einfach nicht glauben und dachte, dass der Junge sich versehen hätte. Ohne auf die Zweifel seiner Oma zu antworten, war er aber schon wieder raus geflitzt, seinen Eltern entgegen.
Die Eltern hatten sich zu dem kleinen Hanning niedergekniet und ihn umarmt. Sie brauchten alle drei geraume Zeit, ihre unbändige Freude zueinander auszuleben.
Die Oma stand nun einige Meter davon wie versteinert da, beide Hände auf die Wangen geschlagen und unfähig, sich von dem Bild zu lösen und den Kreis zu stören. Schließlich hatte sie sich ihnen angeschlossen. Alle hielten sich fest umschlungen und weinten vor Glück. Niemand sagte auch nur einen Ton.
Selbst der kleine Hanning war unfähig, seine Freude über seine Eltern herauszuschreien. Auch ihm standen die Tränen in den Augen. Bisher hatte er sie ja immer nur als ein Zeichen einer schlimmen Erfahrung oder eines Geschehens verstanden und nicht als Ausdruck einer überraschenden, unbändigen Freude. Seine Mutter beugte sich nieder zu Hanning, tupfte ihm die Tränen von den Wangen und meinte:
„Siehst du Hanning, nun hast du auch Tränen."
Er sah seine Mutter verstört an und bestritt:
„Ich hab' aber nicht geweint", und konnte sich die Tatsache, Tränen zu haben, immer noch nicht richtig erklären.
Seine Eltern fassten ihn an die Hand und wandten sich dem Haus zu. Hanning war stolz und überglücklich und rief seiner Oma zu:
„Siehst du Oma, ich hab' doch recht gehabt!"
Es war eine Begrüßung, die einfach nicht enden wollte.
Da der Opa draußen auf dem Feld war, rief die Oma auch ihn heran. Zunächst reagierte er nicht auf ihre Rufe und ihr Winken nach Hause zu kommen. Er nahm es dann aber ungehalten hin, weil er seine Arbeit nur ungern unterbrechen wollte. Schließlich machte er doch die Pferde an einem Baum fest und wandte sich missgestimmt der Wohnung zu. Der Unwille war ihm an jeder Bewegung anzusehen.

Plötzlich blieb er stehen und traute seinen Augen nicht. Dann strahlte auch er übers ganze Gesicht und hatte es plötzlich eilig. Er schloss zunächst seine Tochter in die Arme. Dann stellte er sich vor Johann auf.
Alle waren gespannt, wie die Begrüßung verlaufen würde. Der Vater lächelte, reichte Johann die Hand und erkundigte sich.
„Wollen wir die Vergangenheit begraben?“
„Ja, gerne, ich würde mich freuen. Wir haben für unsere Haltung und unser Tun ja teuer genug bezahlen müssen.“
„Dann sage ich: Herzlich willkommen in unserer Familie und übrig gebliebenen Wirtschaft.“
Maria wechselte mit ihrer Mutter einen Blick, der ihre Freude verriet.
„Ja, Johann“, nahm der Vater wieder das Wort, „das ist uns geblieben.“
Mit einer Handbewegung deutete er auf die Scheune, die ihre Bleibe darstellt, die Rinder und Lämmer, die in einiger Entfernung weideten.
„Dennoch sollten wir froh und zufrieden sein, weil wir immerhin für einen Neubeginn schon einmal einen Anfang haben. Vielen anderen Bürgern der Stadt geht es viel viel schlechter, die haben wirklich alles verloren und dazu auch noch oft enge Familienangehörige, wie du, Johann“.
Johann schätzte diese unerwartete Bemerkung von Marias Vater und nahm sie als eine Art Beileidsbekundung, die allerdings in einer ausdrücklichen Form ausgeblieben war. Dennoch hatte die Bemerkung alle in die bedrückende Wirklichkeit zurückgeholt und veranlasst, Johannes Mutter zu gedenken.
Nach einem Augenblick unterbrach Maria das Schweigen und wies darauf hin, versuchen zu wollen, für Katharina schon in den nächsten Tagen ein würdiges Begräbnis zu gestalten.
„Wir müssen sie erst einmal finden, was nicht einfach sein wird“, ergänzte sie.
Dann lud die Mutter dazu ein, ins Haus zu gehen, und mit einem Begrüßungstrunk anzustoßen. Sie verstand darunter, einen Becher Tee zu trinken und ein wenig zu plaudern. Stillschweigend hatte der Vater ein paar Becher dazugestellt. Alle sahen sich an und konnten sich das zunächst nicht so recht erklären. Dann verschwand er in irgendeinem Winkel und holte einen großen Weinballon hervor, stellte ihn auf den Tisch und schmunzelte.
„Der Tag als der Beginn einer besseren Zukunft ist es mir einfach wert, den Ballon zu öffnen und ihn mit einem Becher Wein zu begrüßen.“
Alle waren sofort dabei. Sie hatten sich vieles zu erzählen, wobei Johanns Erlebnisse von besonderem Interesse waren. Auch Hanning hatte es sich bei sei-

nem Vater auf dem Schoß gemütlich gemacht und gegenüber seiner Oma mit Nachdruck darauf bestanden, dass er auch einen Becher bekommt.
Aufmerksam verfolgten alle Johanns Schilderungen über seine Erfahrungen und Erlebnisse in der Fremde. Dabei erwähnte er die Umstände seiner Entwicklung zum Dolmetscher und die Tatsache, dass er im Laufe der Zeit in seiner schwedischen Firma und Umgebung und nach seinem Militärdienst eine besondere Anerkennung und Wertschätzung erworben habe.
Was ihn besonders überrascht und womit er in keiner Weise gerechnet hatte, war die Eröffnung seitens des Leiters der Niederlassung, dass vorgesehen sei, ihn in der neu entstehenden schwedischen Distriktverwaltung als Abteilungsleiter einzusetzen.
Das wirkte in der Gesprächsrunde wie ein Donnerschlag.
„Als Leiter einer Abteilung?“ erkundigte sich der Vater noch einmal respektvoll und sah in die Runde.
In diesem Augenblick muss sich bei ihm die Überlegung eingestellt haben, die alle seine bisherigen Kalkulationen und Pläne infrage stellte. Der Gedankenaustausch stockte schon eine ganze Weile. Während Johannes seine Vorfreude zu der ihm übertragenen Verantwortung weiter ausführte, schien der Vater immer noch in Gedanken versunken zu sein. Das wirft natürlich alle meine Überlegungen über den Haufen, wird er sich gedacht haben.
Ohne Johannes weitere Ausführungen zu beachten, warf er dann ein:
„Wenn du dort eine solche verantwortliche Stellung einnimmst, kann ich meine Überlegungen und Hoffnungen ja streichen. Eine solche Perspektive kann ich Euch natürlich nicht bieten. Ich habe gedacht, ihr würdet den Hof hier übernehmen und ich könnte euch mit diesem Angebot überraschen und euch eine Freude machen. Auch gewissermaßen als Zeichen der Wiedergutmachung des Schadens, den ich angerichtet hatte?“
Er wirkte irgendwie irritiert. Es hatte so etwas wie Anerkennung aber auch Enttäuschung.
Johann kam ihm entgegen und meinte, Maria zugewandt:
„Das wäre es durchaus doch auch gewesen. Aber so ein Angebot, bei den Schweden eine feste Anstellung zu haben, kann man sich für die Zukunft doch nicht entgehen lassen.“
Auch der Vater gab zu erkennen, dass er diesen Überlegungen zustimmen würde. Aber dann warf Johann einen Gedanken auf, der die Vorentscheidung endgültig vertagte und die Gesprächsrunde interessiert machte.

„Möglicherweise könntet ihr ja auch zu uns nach Stralsund kommen und bei uns leben. Mir wird dort ein Fischerkaten zum Kauf angeboten zu dem auch Stallungen und Nebengelass gehören. Da ließe sich sicher doch etwas draus machen."
Einer sah den Anderen an. Dann waren alle gespannt, wie der Vater reagieren würde. Es entstand eine Pause, nach der es sich's zeigen müsste. Der Vater musste ein so überraschendes Angebot wohl erst verarbeiten. Nach einer Weile erwiderte er dann:
„Da kommt ja eine Überraschung zur anderen. Wie bei einer Bescherung. Wir bräuchten uns dann um unsere Zukunft ja überhaupt keine Sorgen machen. Aber was gäbe es denn bei dir in Stralsund für mich zu tun", fügte er als Frage an, die ihn offensichtlich ganz vorrangig bewegte.
Das ließ immerhin darauf schließen, dass er einen solchen Vorschlag nicht von vornherein von der Hand weist, sondern eher mit Freude aufnimmt und ernsthaft in Erwägung zieht.
„Ja, da wäre zum Beispiel die Möglichkeit, mit deinem Gespann Transportgeschäfte zu übernehmen. Transportiert werden muss immer etwas. Und vielleicht könntest du ja auch so dicht am Wasser mit der Fischerei beginnen. Überleg' es dir, du musst dich ja nicht heute oder morgen schon entscheiden. Aber Möglichkeiten wären doch immer drin, wenn man wie du bei Kräften ist. Die tägliche schwere Arbeit hier auf dem Hof ist in deinem Alter doch auch nicht ewig durchzustehen. Und hinzukommt, dass hier auch wieder eine Menge neu gebaut werden müsste!"
Der Vater schien ernsthaft zu überlegen und abzuwägen und wandte sich dann seiner Frau zu:
„Nah' Mutter wäre das noch eine Chance in unseren alten Tagen, die wir uns überlegen sollten?"
Es entstand wieder eine Pause. Alle schienen sich mit der Gestaltung ihrer Zukunft zu beschäftigen. Und nach einer Weile fügte der Vater seinen Äußerungen hinzu:
„Ja, das hört sich alles sehr verlockend an. Aber einen alten Baum verpflanzt man doch nicht. Reizen würde mich das aber schon. Lasst die nächste Zeit erst an uns herankommen und die Sache bedenken. Entscheiden können wir es ja noch immer."
Auffällig und erfreulich war, dass alle Überlegungen für die Zukunft immer die Belange der ganzen Familie im Blick hatten. Zerwürfnisse der Vergangenheit spielten bei diesen Überlegungen überhaupt keine Rolle mehr. Alle empfanden,

dass sich in der Familie trotz der gegenwärtigen Misere eine solche freudige Aufbruchsstimmung und Zukunftsaussicht herausgebildet hat, wie es sie noch nie zu erwarten war. Der Vater meinte, dass es zumindest ein Grund sei, darauf anzustoßen und stellte seinen Weinballon wieder auf den Tisch.
„Also auf unsere gemeinsame Zukunft", schlug Johann vor, und fand dazu die Zustimmung der ganzen Runde.
Am nächsten Tag begaben sich Maria und Johann in die Innenstadt, um zu prüfen, ob die Möglichkeit besteht, Oma Katherina unter den Trümmern zu finden. Sie hatten sich mit entsprechenden Geräten ausgerüstet.
Dann stand Johann fassungslos schon eine ganze Weile stumm und gedankenversunken vor den Trümmern seines Elternhauses. Das, was einst auch sein Zuhause war und nun seiner Mutter als vorläufiges Grab gedient hatte, schien ihn zu lähmen. Ihm werden alle Erinnerungen an seine Jugend in den Sinn gekommen sein.
„Unvorstellbar, was die Menschen in ihrem Wahn so anrichten", sagte Johann leise für sich, wurde aber von seiner Maria korrigiert und widersprach:
„Das sind keine Menschen, das sind völlig entartete Bestien, die nur das Aussehen von Menschen haben". Sie umfasste ihren Johann, der unter dem Anblick seiner einstigen Heimstatt zu leiden hatte.
Dann hatte Maria ihm gezeigt, wo Katherina etwa gestanden hatte als man sie ermordete. Ein unvorstellbarer Berg von Geröll, Lehm und verkohlten Balken lag vor ihnen. Es dauerte seine Zeit, bis sie in etwa einen Zugang geschaffen hatten. Sie waren schon am Verzweifeln und mussten sich immer wieder neu motivieren. Plötzlich entdeckte Johann so etwas wie einen verkohlten Schuh mit einer großen Schnalle.
„Das ist Katherinas Schuh", rief Maria.
Sie waren also auf der richtigen Spur. Es kostete sie ungeahnte Überwindung das Geröll vorsichtig wegzuräumen, unter dem Katherinas Leichnam verschüttet lag. Beide richteten sich wortlos auf und blickten für einen Augenblick gen Himmel. Johann hatte die Mütze vom Kopf gerissen und knautschte sie jetzt schon eine Weile mit beiden Händen. Maria hatte beide Handflächen aneinandergelegt vor die Stirn gehalten und ein Gebet gesprochen, während ihr die Tränen ungestört über die Wangen liefen.
Sie hatte immer noch die letzten Worte von Katherina in den Ohren, mit denen sie ihre Forderung herausgeschrien hatte, die Maria erst veranlasst hatte, zu folgen:

„Du musst es für Johann, für dich und den Kleinen tun, dich in Sicherheit zu bringen. Lauf, Maria, lauf!“
Die Erinnerung daran und das Bild, vor dem sie standen, hatte Maria völlig überwältigt. Johann nahm seine Maria in die Arme und schwur:
„Ja, Mutter, dein Wunsch ist unser fester Wille. Uns wird nichts trennen.“
Sie verweilten so noch eine geraume Zeit und schwiegen.
Maria wurde das letzte Bild nicht mehr los und gestand sich ein, wie recht Katherina doch hatte und wie unendlich dankbar sie dieser tapferen Frau sein musste.
Mithilfe der Mönche des nahen gelegenen Klosters Broda, gestalteten sie in den nächsten Tagen für die Oma, Katharina, ein würdiges Begräbnis.

❧

Bei den abendlichen Gesprächen in der Familie nahm das Thema um die mögliche Gestaltung einer eventuellen gemeinsamen Zukunft stets eine ganz vorrangige Rolle ein. Alles Andere wie die Feld- und Hauswirtschaft waren dagegen belanglos und nebensächlich. Marias Vater hatte das Thema der gemeinsamen Zukunft immer wieder aufgegriffen. Das war ein Zeichen dafür, dass es auch bei ihm absoluten Vorrang hatte.
Auffällig war auch, dass er sich neben diesem Thema, zunehmend dafür interessierte, welche Rolle sein künftiger Schwiegersohn im Kampf gegen die Tillyschen Truppen im Friedländer Tor gespielt hat und wie es zu dessen Verwundung kam. Was ihn bewogen hatte, sich mit dieser Frage direkt an Johann zu wenden, blieb zunächst aber im Dunklen.
„Du hast bei deinen Schilderungen wiederholt einen Namen erwähnt, der hier in Neubrandenburg sehr verehrt wird. Es ist der Capitain Fluch oder so ähnlich. Hast du ihn näher gekannt?“ erkundigte er sich.
Johann horchte auf, weil er so weitgehendes Interesse von Marias Vater nicht erwartet hatte. Zugleich war er aber auch darüber erfreut, dass sein Capitain hier nicht vergessen ist. In der Anerkennung seines Kommandeurs sah er auch eine Ehrung für sich selbst und seine deutschen und schwedischen Kameraden. die dort mit ihm gekämpft und viele ihr Leben gelassen hatten.
Johann war sichtlich gerührt, aber auch gerne bereit, seine Erlebnisse mit Capitain Pflug zu schildern.
Das ausgesprochene Interesse des Vaters daran musste eine besondere Be-

wandtnis haben. Sein betontes Interesse an den Erlebnissen, die Johannes im Verlaufe des Kampfes in Neubrandenburg hatte, konnte sich nicht nur auf dessen persönlichen Einsatz beziehen. Er war auffällig immer wieder bemüht, Einzelheiten des Kampfes von Johann zu erfragen.
Unabhängig davon war Johannes gerne bereit, seine Erlebnisse und Eindrücke zu schildern. Er hatte die Bilder dieses Kampfes ohnehin immer wieder vor Augen. Dann schilderte er, was ihn besonders bewegte:
„Man hatte uns plötzlich von hintenüberfallen, worauf wir überhaupt nicht eingestellt waren. Das ging alles so rasend schnell. Der Capitain hatte das Vordringen der Tillyschen gesehen, nahm uns in aller Eile kurz zusammen, um uns die Lage darzustellen und schwören zu lassen.
Er winkelte den Arm an, ballte seine Hand zur Faust und formulierte den Eidesspruch:
„Wir kämpfen für unseren Glauben, solange noch Leben in uns ist!"
Ich hatte das für die deutschen Kämpfer übersetzt. Jeder sprach die Formel nach und empfand sie wie einen heiligen Schwur, der uns bis ins Mark drang. Das beeindruckende war, dass der Capitain selbst diesen Eid im wahrsten Sinne des Wortes vorlebte und uns durch sein Beispiel immer mitriss. Ich habe erlebt, wie jeder von uns im direkten Kampf mit dem Schwert in der Hand Schlag für Schlag immer wieder den Schwur wiederholte: „... so lange ... noch ... Leben ... in ... uns ... ist ...!"
Johannes war anzusehen, dass ihm das noch immer sehr nahe ging und wieder ergriffen hatte. Er musste zwischenzeitlich immer wieder eine Pause machen. Alle schwiegen dann gespannt. Es hatte auch die Anwesenden ergriffen.
Dann fuhr er fort:
„Ja, ich habe gesehen, wie er die katholischen Söldlinge das Fürchten lehrte. Sein christliches Bekenntnis, war nicht nur so dahingesagt. Es war sein Leben selbst. Ich sehe ihn noch, wie er im Friedländer Tor an der einen Seite der Verbindungsmauer zwischen dem vorderen und dem hinteren Tor in einer Mauernische stand. Aufrecht und in voller Größe, was allein schon Respekt einflößte. Sein Anblick und seine schon seit geraumer Zeit bewiesene Schlagkraft hatte jedem Feind gezeigt, welches Schicksal er bei einem Zweikampf zu erwarten hatte. Ihn im Kampf zu sehen, versetzte uns förmlich in einen Rausch ihm nachzueifern und nicht aufzugeben. Sein Beispiel spornte uns immer wieder an. Wir wollten ihm unbedingt zeigen, dass wir ihn verstanden hatten und durchhalten würden.

Er hatte schon eine ganze Reihe der Soldateska ausgeschaltet. Dann wagten sie es, sich ihm nur im Pulk zu nähern. Sie hatten ihn umzingelt und bedrohten ihn. Wie zögernde Raubtiere fuchtelten sie mit ihren Schwertern in gehörigem Abstand vor ihrem Opfer und glaubten, ihn so zu zermürben. Wenn dann einer der Angreifer dem Capitain zu nahekam, blieb nach kurzem Gefecht wieder ein Söldner auf der Strecke. Bald wagte es sich niemand mehr in seine Reichweite zu kommen. Weil sie selbst im Pulk nicht mit ihm fertig wurden forderten sie einen Musketenschützen an, der das vollbringen sollte, was sie nicht schafften, ihn zu töten.
Wir sahen, wie sich der Schütze in gehörigem Abstand einrichtete, um ihn zu erschießen. Es war ein scheußliches Gefühl, das mit ansehen zu müssen und nicht einschreiten, es verhindern zu können", erinnerte sich Johann.
Wieder machte Johann eine Pause, weil ihn gerade dieser Augenblick immer wieder zusetzte, und ihn nicht losließ.
„Es war ein feiger, ungleicher Kampf, der weitab war von jeder soldatischen Fairness, es war eine Hinrichtung, ein feiger Mord. Capitain Pflug taumelte für einen Augenblick und wehrte sich gegen das Zusammenbrechen, sah wieder zu uns herüber als wollte er uns noch etwas zurufen. Dann brach er zusammen. Das mit ansehen zu müssen, war einfach unvorstellbar und lässt mich selbst im Schlaf nicht los."
Johann hatte seine Schilderung wieder unterbrochen und schwieg.
Alle, und vor allem auch sein künftiger Schwiegervater hatten ihm schweigend zugehört und wahrscheinlich erst in diesem Augenblick so richtig begriffen, was Johannes und seine Kameraden geleistet und schließlich auch für ihn getan haben.
Es war ein Schweigen, eine Situation entstanden, die alle tief bewegte. In die Stille hinein hörte man dann den Vater leise sagen, als wäre es nur für ihn selbst bestimmt:
„Ja, wir haben dem Mann und seinen Leuten viel zu danken. Ihr habt es wirklich verdient, dass man euch ein Denkmal setzt." Er machte eine längere Pause, um dann fortzufahren:
„Ich habe gehört, dass unsere Stadtväter entschieden haben sollen, dort im Friedländer Tor eine Gedenktafel für Capitain Pflug anzubringen. Das müsste eigentlich doch dort geschehen, wo er gekämpft hat und gefallen ist."
Dann sah er Johann an und meinte:
„Du könntest den Stadtvätern doch genau die Stelle zeigen, wo das ist. Wir ha-

ben morgen ja ohnehin in der Stadt zu tun, wenn du die Grundstückseintragung für deine Mutter klären willst. Ich mache dich dann mal mit den Leuten bekannt, denen du ja auch deine enge Verbindung zu Capitain Pflug schildern kannst und wie ihr gemeinsam gekämpft habt."

Johann war mit diesem Vorschlag einverstanden.

Am nächsten Morgen war das gleich wieder das erste Gesprächsthema unter den Männern. Nachdem sie sich auf den Weg gemacht hatten, erkundigte sich Maria bei ihrer Mutter:

„Unser Vater ist ja gar nicht wieder zu erkennen. Seine Freundlichkeit und auch seine Beredsamkeit machen ihn ja richtig sympathisch. Aber besonders freue ich mich, dass er sich mit Johann so gut versteht. Das hab' ich nun wirklich nicht erwartet."

„Ich schon", erwiderte die Mutter weniger gerührt. Maria sah ihre Mutter fragend an.

„Früher war Johann in seinen Augen ein Habenichts, dessen Perspektive er nur geringschätzte. Jetzt ist er ihm nicht nur ebenbürtig, sondern hat etwas aufzuweisen, was deinem Vater sehr imponiert. Du kannst mir glauben, dass er auch aus dem Grunde mit Johann ins Stadtamt geht, weil er sich dort mit Johann gut zeigen kann, damit ein klein wenig von Johanns Ansehen und Ruhm auch auf ihn fällt."

Maria schmunzelte:

„Du wirst recht haben. Darin erkenne ich meinen Vater eher wieder. Ich gönne es ihm aber und hoffe, dass das Verhältnis zwischen den beiden dadurch so bleibt und nicht durch persönliche Querelen immer wieder belastet wird."

Die beiden Männer hatten die Stadt wieder durch das Treptower Tor betreten. Vor ihnen lag die Trümmerlandschaft, die einmal die Stadt Neubrandenburg war. Dann standen sie im Innenhof des Friedländer Tores. Johann stand schon eine ganze Weile vor der Stelle an der sein Kommandeur gekämpft und den Tod gefunden hatte. In ihm waren die Bilder seiner letzten Stunden so wirklichkeitsnah entstanden, als wäre alles erst vor wenigen Augenblicken gewesen.

Einen Vertreter des Stadtrates zu finden, dem Johann jene Stelle im Friedländer Tor zeigen könnte, wo Capitain Pflug gekämpft hatte und gefallen war, erwies sich zunächst als schwierig. Nach einer ganzen Weile wurden sie dann aber in ein Zimmer zu einem Vertreter gebeten, der auch mit dem Vater gut

bekannt war.
Vater Ackermann stellte zunächst seinen Begleiter vor und bezeichnete ihn als seinen „Schwiegersohn". Dann schilderte er die Begebenheit, dass dieser im Fähnlein des Capitain Pflug bei der Verteidigung des Friedländer Tores gekämpft und den Kampf und Tod des Capitain miterlebt habe. Der Vertreter der Stadt erhob sich, ging auf Johann zu, begrüßte ihn erneut, nun per Handschlag und hieß ihn herzlich willkommen.
Dann bat er Johann, ihm den genauen Hergang des Kampfes und auch den Charakter und die Persönlichkeit des Capitains zu schildern, während sich der Vertreter der Stadt entsprechende Notizen machte.
Nachdem Johann die näheren Umstände geschildert hatte, wurde vereinbart, sich den genauen Ort des Kampfes gemeinsam anzusehen, um später dort die vorgesehene Gedenktafel anzubringen.
Johann bedankte sich für die hohe Wertschätzung seines Kommandeurs in der er zugleich auch eine Würdigung seiner gefallenen und überlebenden deutschen und schwedischen Kameraden sehen würde.
Zum Abschluss dieses Treffens bat der Vertreter der Stadt Johann und den Vater um etwas Geduld. Er möchte ihm noch etwas überreichen.
Der Eindruck, den Johann bei dem Stadtvertreter hinterlassen hatte war offenbar genau nach dem Geschmack des Vaters. Johannes zugewandt meinte er beiläufig: „Ich habe vor einigen Tagen auf der Wache der Stadt, die damals erhobene Anzeige gegen dich zurückgenommen und damit begründet, dass du inzwischen mein Schwiegersohn geworden bist und gegen die Tilly-Söldlinge gekämpft hast."
Johann hatte zustimmend genickt und bemerkt: „Lassen wir aber die Vergangenheit ruhen!"
Der Vertreter der Stadt hatte zwischenzeitlich veranlasst, dass ein offizielles Dankschreiben der Stadt von einem Schreiber auf Büttenpapier ausgefertigt wird.
Wie das geschehen war, trat er mit dem Schriftstück vor die Wartenden in einer Haltung, die eine besondere Wertschätzung für Johann ausdrückte. Daher erhoben sich beide als der Vertreter der Stadt das Wort nahm:
„Wir freuen uns, ihnen, einem würdigen Vertreter des Capitains Pflug, dieses Schreiben überreichen zu können.
Damit möchten wir sie für ihren persönlichen Einsatz würdigen und zugleich auch die deutschen Bürger und schwedischen Soldaten, die an der Seite des

Capitain Pflug für unseren Glauben und für die Stadt Neubrandenburg gekämpft und ihr Leben gelassen haben.
Wir werden das Gedenken an den schwedischen Capitain Pflug und seine Mannschaft, allzeit bewahren.
Das an Johann überreichte Dankschreiben hatte folgenden Wortlaut:

Dankschreiben
der Stadt Neubrandenburg
In Würdigung der Verdienste für die Stadt wird Herrn
Johannes Wagner
dieses Dankschreiben überreicht.
Er hat an der Seite des unvergessenen schwedischen Capitain,
Pflug, für die Verteidigung der Stadt Neubrandenburg und
unseren Glauben gekämpft und dabei sein Leben nicht geschont.

Die jetzige Gedenktafel für Capitain Pflug wurde aus Anlass des 250. Jahrestages des Überfalls auf die Stadt auf Initiative des damaligen Museumsvereins in der Anlage des Friedländer Tores angebracht. Der Museumsverein hatte es sich zur Aufgabe gemacht, mit dieser und anderen Initiativen „gegen das Vergessen hervorragender Leistungen der Menschen für diese Stadt" vorzugehen.

Ergänzende Schlussbemerkungen

Die in dem Buch wiedergegebenen Geschehnisse entsprechen den tatsächlichen geschichtlichen Abläufen. Selbst Detaildarstellungen, wie die örtlichen Gegebenheiten und einzelnen Geschehnisse der damaligen Zeit sind realistische Wiedergaben. Das wird neben der Art der inhaltlichen Gestaltung des Buches auch durch museale Gegenstände und bildliche Wiedergaben belegt.

Eine hervorzuhebende Besonderheit besteht darin, dass Neubrandenburg als sehr wahrscheinlich einzige Stadt in Deutschland in der Lage ist, die noch vorhandene Gesamtanlage der Backsteingotik aus dem 14. Jahrhundert vollständig vorzuweisen. Dazu gehören vor allem die noch erhaltene Verteidigungsanlage mit den Gräben des Überflutungssystems, die vollständig erhaltene Mauer, mit den so genannten „Wiekhäusern", die vier Stadttore, die Kirche St. Marien und die Klosteranlage. Sie demonstrieren nicht nur schlechthin den materiellen Wert, sie legen vor allem Zeugnis dafür ab, dass sich über acht Jahrhunderte immer wieder verantwortliche Ratsherren der Stadt gefunden haben, die sich der Bedeutung dieses Schatzes der Stadt bewusst waren, um ihn der Nachwelt zu erhalten. Dafür gebührt ihnen Dank und Anerkennung.

Und was nicht hoch genug geschätzt werden kann ist auch die Tatsache, dass die Backsteine oder andere Materialien inzwischen nicht anderen dringend benötigten Bauvorhaben zugeführt wurden, sondern als Gesamtensemble erhalten blieben.

Hervorzuheben ist auch, dass bei der Errichtung der Tore der Stadt und der Kirche St. Marien erstmalig die sogenannte filigrane Maßwerkarchitektur in der Backsteingotik umgesetzt wurde. Sie fand von hier aus in den folgenden Jahren in allen nordischen Ländern Anwendung.

Beleg und Ausdruck für die anerkennenswerte Pflege und Würdigung der frühen Geschichte der Stadt ist auch die Tatsache, dass selbst nach fünf Jahrhunderten Kämpfer für die Verteidigung der Stadt und des protestantischen Christentums nicht vergessen sind, sondern geschätzt und geehrt werden.
Als Beleg dafür gilt die Gedenktafel für den schwedischen Capitain Pflug, die

an der Stelle angebracht wurde, an der er für die Verteidigung des protestantischen Christentums und die Stadt Neubrandenburg sein Leben gelassen hat.

Die Pflege und Erhaltung dieser Anlagen aus dem 14. Jahrhundert, die Begebenheiten und bauliche Beschaffenheit über die Jahrhunderte und die Unbilden der Kriege hinweg hätten es durchaus verdient, sie auch durch eine internationale Anerkennung zu würdigen!

St. Marien mit Ostgiebel. Sehr wahrscheinlich wurde hier und an den bezeichneten Toren erstmalig die Maßwerkpraxis in der Backsteingotik angewandt.

Die Deutsche Nationalbibliothek verzeichnet diese Publikation
in der Deutschen Nationalbibliografie;
detaillierte bibliografische Daten sind im Internet über
http://dnb.d-nb.de abrufbar.

Autor und Herausgeber:
Heinz Günther

1. Auflage 2023

Mühlenstraße 72 | 17098 Friedland
info@steffen-media.de | www.edition-lesezeichen.de

Herstellung:
STEFFEN MEDIA GmbH, Friedland – Usedom
www.steffen-media.de

ISBN 978-3-948995-20-1